ISBN 978-2-330-15374-8

LAURENT GAUDÉ

NOUS, L'EUROPE

banquet des peuples

BABEL

Depuis quelque temps, l'Europe semble avoir oublié qu'elle est la fille de l'épopée et de l'utopie. Elle s'assèche de ne pas parvenir à le rappeler à ses citoyens. Trop lointaine, désincarnée, elle ne suscite souvent plus qu'un ennui désabusé. Et pourtant, son histoire est celle d'un bouillonnement permanent. Tant de feux, de morts, tant d'inventions et d'art, aussi. La littérature, peut-être, peut nous rappeler cela : que le récit européen est histoire de muscles, de verve, de ferveur, de colère et de joies. Les mots de la littérature, peut-être, peuvent replacer au cœur du récit la conviction et l'élan sans lesquels rien ne se fait.

Qui sommes-nous ? Héritiers de quel passé ? Traversés par quels tourments ? Fautifs de quels crimes et porteurs de quelles utopies ? Que voulons-nous ? Notre continent a inventé des cauchemars, fait gémir ses propres peuples, mais il a aussi su faire naître des lumières qui ont éclairé le monde entier. C'est cette contradiction-là qui nous constitue. Nous sommes peuples du tourment, peuples entremêlés depuis si longtemps, dans la rivalité, le commerce, la mort et l'élan, peuples si différents que notre choix de nous unir dans une assemblée commune est un événement inouï au regard de l'Histoire. À quelle époque, en quels lieux, a-t-on vu semblable aventure politique : vingt-sept nations décidant de faire un grand banquet des peuples ?

Tant de ceux qui nous précédèrent seraient ébahis en voyant le territoire que nous avons construit. Je pense à ces millions d'hommes et de femmes, nos parents, grands-parents, aïeux, qui ont vécu dans leur chair l'expérience douloureuse de la frontière. Ils sont nombreux, ceux qui ont fui, tout quitté en pleine nuit, ceux que l'Histoire a fait basculer d'un pays à un autre. Ils sont nombreux, les hommes frontières, emportant, où qu'ils aillent, leur pays. Cela fait un peuple vaste qui parle deux ou trois langues, a des souvenirs de coutumes lointaines, et sait ce qu'est le tumulte. C'est peut-être lui, le modèle européen : le peuple du tourment qui cherche une réponse à ce harcèlement de l'Histoire et la trouve dans l'humanisme dont il se sert comme d'une boussole dans son errance.

Pourquoi nos pays ont-ils décidé de créer cette communauté de l'Entente ? Pour la paix. Mais au-delà de la paix ? Pour la prospérité. Et au-delà de la prospérité ? Est-ce pour faire leurs, à nouveau, les vieux démons des nations : la compétition et le désir de domination ? Est-ce que nous ne pouvons penser notre construction européenne que dans le cadre d'un *translatio imperii* ? Après une période d'éclipse de notre influence, les pays européens auraient trouvé – à travers la construction européenne – une structure politique qui leur permettrait d'être plus imposants, de rivaliser à nouveau avec les plus grands, de "retrouver leur rang" ? Nous méritons des rêves plus hauts et des passions plus folles. Nous méritons de nommer l'impossible et d'œuvrer à le faire apparaître.

Le passé nous montre que nous n'avons que très rarement été capables d'inventer un autre projet que celui de la domination. Et pourtant, la construction européenne n'aura de sens que si elle est l'occasion d'inventer un nouveau but civilisationnel. Non plus régner, mais créer, en toute autonomie, les contours d'un territoire de lumière. Et être – pourquoi pas – le laboratoire de la concertation des nations. Car ne nous y trompons pas : demain, d'autres zones de la planète choisiront de s'unir. Demain, le contour des nations sera toujours plus flou. Les enjeux planétaires de commerce, de flux d'informations, d'environnement, d'énergie, de rapport au monde animal, nous poussent à cette concertation internationale. Penser le rapport aux matières premières nation par nation, c'est le penser dans les conditions qui mènent à la guerre. Nous le savons, nous l'avons expérimenté tant de fois. L'Europe, avec sa lenteur, ses débats, la nécessité permanente de trouver un accord, son art du compromis pour éviter la paralysie, est le laboratoire de ce que les hommes vont devoir faire de plus en plus souvent lorsqu'ils voudront réfléchir à l'échelle de la Terre et de son écosystème. Demain, nous devrons entrer dans une concertation permanente sur les cinq continents.

Demain, nous devrons faire naître en nous un sentiment d'appartenance plus vaste que celui qui nous lie à nos pays.

Toute chose meurt. Nous dirons peut-être un jour que nous sommes nés dans un monde désormais englouti. Les civilisations de l'Entente sont fragiles. Elles l'ont toujours été. Ma génération a longtemps pensé que cette Europe était acquise, qu'elle serait le cadre fixe de nos vies, et elle découvre avec stupéfaction qu'elle pourrait bien être la génération qui l'enterrera ou, en tout cas, celle qui verra les premiers signes de sa fin. Ceux qui, comme moi, croient en cette aventure, seront coupables s'ils ont laissé la place à la parole du contre. Il ne s'agit pas de nier les frustrations, les colères, les insatisfactions. J'en ai – et de nombreuses. Mais je fais la différence entre des colères que l'on peut transformer en combats politiques et la négation par principe de ce grand mouvement de fond qui, depuis plus de cinquante ans, bâtit un pays plus grand que nos vingt-sept nations.

Nous, l'Europe est né de cette envie : raconter notre épopée commune et le faire avec passion. Au moment de terminer ce texte, je me rends compte qu'il est inachevé. Non pas que je ne sois pas allé au bout du projet que je m'étais fixé, mais parce qu'il souffre de n'être qu'une voix quand je voulais qu'il fût pluriel. Durant toute sa rédaction, j'ai eu le souci d'ouvrir le plus possible le récit aux réalités des pays européens voisins, et pourtant, las…

j'ai constaté tout au long de mon travail à quel point je savais peu de l'histoire et de la géographie des vingt-six autres pays, et combien, à mon corps défendant, ce récit allait rester celui d'un Français. J'ai mesuré la distance qu'il restait à parcourir pour que nous ayons un socle de culture commune. En somme, si *Nous, l'Europe* est un poème inachevé, c'est parce qu'il est en attente d'autres voix, venues d'Italie, d'Allemagne, de Pologne, d'Espagne... pour qu'un jour, peut-être, un grand texte naisse, nourri de plusieurs feux qui s'éclairent, se répondent et s'enrichissent.

En attendant ce jour, je vais continuer à arpenter mon Europe. Je le ferai en réfléchissant à ce sentiment d'appartenance nouveau qui doit encore s'enraciner et grandir pour qu'un jour, à la question "Qui es-tu ?", il me soit naturel de répondre par ce simple mot qui dira tout – à la fois le tumulte du passé et les espoirs de demain : "Je suis européen."

À ceux et celles qui, plongés dans les tourments de l'Histoire, ont prononcé ce mot, "Europe", avec ardeur.

I

SI VIEUX SI JEUNES

Sommes-nous vieux ?
Sommes-nous jeunes ?
Quel âge avons-nous vraiment ?
Parfois vieillards,
Parfois jeunesse élancée,
Nous sommes les héritiers de tant d'années accumulées.
Longue fossilisation de langues, de cultures,
Dépôts successifs de tant de passés qui se sont mélangés, enrichis, superposés,
Des strates de guerres,
De commerce,
D'échanges
De conquêtes.
Nous sommes fils et filles de la sédimentation des siècles.
Quel âge avons-nous vraiment ?
Les frontières ont bougé,
Les pays ont grandi,
Les empires, chuté.
Nous sommes traversés d'un long fleuve d'Histoire qui nous donne l'épaisseur du temps.
Peut-être sommes-nous cela : des enfants vieux,

Alliance de la fatigue et de l'enthousiasme.
Qui peut désigner le jour exact de notre naissance ?

C'est dans le XIXe siècle qu'il faut aller fouiller.
Entrailles de modernité,
Boulons, marteaux et fièvre,
Nous sommes faits de la même chair, de la même nervosité.
Siècle de conquêtes et de sueur,
De progrès et d'exploitation.
C'est dans le XIXe siècle qu'il faut fouiller parce qu'il est comme nous :
Il a inventé trop vite,
A pensé trop fort.
Il faut plonger dans son ventre sale,
Sentir dessous ses bras d'usine,
Écouter sa voix cassée d'avoir trop hurlé sur les barricades.
Le XIXe siècle, parce que c'est le siècle du vertige et de l'appétit,
Bascule entre deux mondes,
Chancellement face à tant de nouveautés et de grondements.
Quel est le jour de notre naissance ?
Il faut le décider, alors je dis :
Palerme, le 12 janvier 1848.
Quelque chose veut naître en ce jour lointain,
Quelque chose qui pousse,
Jusqu'à faire voler en éclats les vieilles couronnes.
Quelque chose va naître
Et ce sera d'abord rouge et grimaçant.
Ça sentira les viscères et la sueur mais c'est neuf.
Palerme se soulève

Et c'est la première ville à appeler le Printemps des nations.

Nous sommes nés de l'utopie et du mécontentement.
Écoutez les philosophes, les agitateurs, les révolutionnaires qui vont d'une capitale à l'autre.
L'insurrection gronde.
Elle éclate en Sicile,
Sera reprise à Paris,
De là, rebondira dans toutes les capitales.
Des mots nouveaux sont sur les lèvres,
Pour en finir avec les empires,
Des mots que l'on se transmet sous le manteau,
Dans le secret des réunions clandestines,
"Nationalisme",
"Indépendance, union et liberté".
Et d'un coup, la foule les reprend, ces mots,
À Milan,
À Berlin,
À Paris,
On veut renverser le vieux monde,
Celui du congrès de Vienne qui restaurait les couronnes.
On veut mettre à bas la mécanique de Metternich
Qui préférait l'ordre à la liberté.
Des pays veulent porter un nouveau nom :
"Italie",
"Allemagne",
Rien ne peut arrêter les peuples lorsqu'ils s'emparent de l'esprit des philosophes.
On n'en peut plus de l'Europe restaurée, assise, arrogante,

Celle des Bourbons, des Habsbourg, des Hohenzollern.
Depuis quelque temps, il y a des banquets en Europe,
Et nous sommes nés de leur murmure,
De la passion glissée dans ces mots dits tout bas mais qui aspirent à être clamés tout haut.
1848 est notre date de naissance,
Et cela fait de nous des enfants barricades,
Nés dans un fouillis d'armoires, de charrettes, de tonneaux, de palissades et de fusils…
Poussez encore,
Il faut que ça sorte
Et tant pis si ça gémit.
L'Europe surgit en ces jours de 1848,
Celle de Mazzini,
De Friedrich Hecker et Gustav von Struve,
Celle de Garibaldi,
De Lajos Kossuth,
De Ludwik Mierosławski et Ledru-Rollin,
Une Europe de la nation parce qu'alors, la nation, c'est l'affranchissement,
C'est la chute des vieux rois coiffés comme des poupées de calèche.
La nation, c'est l'unité d'un peuple autour d'une langue,
D'une culture,
Et les poètes mettent des mots sur cette colère qui gronde,
Sándor Petőfi, Lamartine, Victor Hugo.
Verdi, même, devient le nom d'un pays.
Le romantisme a conquis l'Europe,
Et il porte en lui l'énergie de la rébellion : Jeunesse ! Jeunesse !

Sommes-nous vieux ?
Plus maintenant.
Regardez : l'Europe se réveille et se secoue le dos.
Elle a un beau visage échevelé,
Et un appétit de nouveau-né.

Une génération s'est mise debout.
Le suffrage universel,
La liberté de la presse,
Le vote des femmes,
Un peuple roi pour en finir avec le roi du peuple,
Toutes ces idées ont couru de bouche en bouche
Et chacun les a gardées comme un précieux trésor.
Elles seront là encore,
Vingt ans plus tard,
Lorsque les États naîtront.
L'Europe se dessine et se cherche,
Interroge son propre désir,
Secoue la royauté,
La reprend,
Puis l'abandonne à nouveau.
Ils ont pensé, rêvé, combattu
De Berlin à Paris,
De Vienne à Genève.
Ils se sont exilés à Londres ou Bruxelles,
Sont revenus dans leur pays,
Ont fui à nouveau dans l'Europe tout entière.
Combien étaient-ils autour de Mazzini, les membres de Giovane Italia ?
Cent ?
Mille ?
Giovane Europa,
Giovane Germania,

Giovane Ungheria,
Giovane Polonia,
Giovane est le nom du sursaut.
Jeunesse !
Jeunesse !
C'est de cela que nous avons besoin,
Trois cents jeunes gens,
Cinq cents peut-être,
Dans chacun des pays de notre Union,
Reprenant l'héritage des Carbonari,
Réfléchissant non pas au possible
Mais au rêve,
Cherchant des yeux ce qui n'existe pas encore,
Essayant de le nommer,
Puis de le brandir.
Giovane Europa,
Cinq cents jeunes gens par pays,
Cela fait quelques milliers d'âmes,
Mais c'est un mouvement,
Une jeunesse qui se parle, se réunit, échange, et espère davantage.
C'est de cela que nous avons besoin,
D'un désir réfractaire,
Ambitieux,
Inspirant.
Giovane Europa,
Les pays apparaissent les uns après les autres,
La Belgique, l'Italie et l'Allemagne.
Ne croyez pas que ce soient des naissances applaudies,
Que l'on s'émerveille sur le poids et la bonne mine des nouveau-nés.
Rien ne se fait facilement quand il s'agit des peuples et des frontières.

Les bébés qui viennent de naître veulent qu'on leur fasse un peu de place,
Et personne ne veut se pousser.
Alors, tout se met à trembler.
On s'agrippe par les cheveux,
On s'annexe joyeusement
Et on se bat, avec ardeur.

Vous trouvez que nous vivons une période troublée ?
Vous sentez le souffle de l'Histoire et il vous arrive d'avoir peur,
De vous demander de quelle fièvre est prise notre époque ?
Vous vous effrayez de voir que, d'un coup, l'inquiétude devient l'humeur des peuples ?
Pensez à Hugo et à son exil.
Pensez à Garibaldi qui a traversé l'Atlantique, s'est battu au Brésil, en Argentine, en Uruguay,
Le "Héros des Deux Mondes" épuisé d'une vie de blessures
Qui continue jusque dans ses vieux jours et lutte encore à Dijon, à l'âge de soixante-quatre ans, alors qu'il peine à monter sur son cheval.
Il n'y a pas d'époque paisible.
Pensez à Friedrich Hecker,
Qui, après avoir pris part à la révolution de 1848 dans les rues de Bade, doit s'exiler en Amérique et s'engage aux côtés des nordistes dans la guerre de Sécession…
Pensez à tous ceux que l'on appelait les quarante-huitards,
Qui ont vécu le Printemps des nations,

Puis, le retour des rois,
Et enfin, l'indépendance véritable,
Tout cela le temps d'une vie.
Pensez à la guerre de "l'année terrible*"
Durant laquelle l'Europe se déchire et se cherche.
Nice et la Savoie changent de pays,
L'Alsace et la Lorraine aussi.
L'Europe veut des frontières mais n'en trouve pas,
Se plonge alors dans des guerres,
Signe des traités, des accords, des trahisons,
Sous l'œil vigilant de l'Empire ottoman et de la Grande Russie.

L'Europe produit,
Construit,
Se bat,
Mais elle crève de faim aussi
Et part en exil.
Les Irlandais meurent par milliers et cela ne fait pas ciller la reine Victoria.
Les premiers Italiens embarquent pour les États-Unis sans se douter que le colosse d'Emma Lazarus** les regardera passer pendant des décennies.
Oh, les terres de convulsions...
Tant d'événements,
D'agitations,
Tant de destins avalés...
Et vous trouvez que nous vivons dans une période troublée ?

* "L'année terrible", poème de Victor Hugo, écrit en 1871.
** "The New Colossus", poème d'Emma Lazarus, écrit en 1883.

Mais quelle génération a connu plus de calme et
moins de dangers ?
Les deux siècles qui nous précèdent ne sont que
courses, fièvre, assauts et révolutions.
Les siècles qui nous précèdent sont des ogres qui
ont avalé le courage et le génie par vies entières.
Et nous sommes là,
Nous,
Avec ces mots qui nous ont été légués : “Nation”,
“Égalité”, “Liberté”,
Que nous contemplons avec fatigue.
Depuis si longtemps nous sommes citoyens de
l’ennui.
Jeunesse !
Jeunesse !
Il nous faut ton sursaut.

II

CHARBON LUMIÈRE

Maintenant que nous sommes nés, il faut se nourrir.
Chaleur, friction, fumée,
C'est cela qui nous fera grandir.
Nous allons manger des forêts, des campagnes entières,
Nous goinfrer du génie des hommes et de leur labeur,
Engloutir ce qui est vieux et reconstruire ensuite.
Grand jet de vapeur.
Notre monde apparaît dans un silence stupéfait.
C'est sidérant comme un tour de prestidigitation.
Écoutez bien,
Vous entendez ce bruit de pression inconnu jusqu'alors ?
Regardez la surprise sur le visage des badauds,
Elle est l'exacte image du Progrès.
Rien ne sera plus comme avant,
Le monde ne reviendra plus jamais en arrière.
Une machine est là,
Nouvelle,
Qui annonce des vies dont nous n'avons aucune idée.

Crache, fumée,
Tourne, chauffe, plus vite !
Sans fatigue,
Plus jamais de fatigue…
Piston bien huilé, sans arrêt.
Combustion, encore, encore !
Tourne et chauffe.
Plus vite,
Encore, encore !

Les témoins s'extasient,
Mais la course ne fait que commencer.
Il faut fouiller dans le XIXe siècle
Parce que dans ses entrailles, il y a notre visage.
Nous sommes nés de son ventre fécond
Qui porte trésors et grimaces,
Chaleur et humidité.

Ça commence là,
Avec *The Rocket*,
Le 15 septembre 1830.
La première locomotive capable de transporter des passagers apparaît.
Elle roule de Liverpool à Manchester,
À plus de quarante kilomètres à l'heure
Et c'est un exploit qui laisse tout le monde pantois.
Stephenson exulte.
Pressent-il que bientôt l'Europe sera couverte de rails ?
Ça commence avec son invention à lui,
Ou toutes celles qui surgissent d'un coup.
Succession de trouvailles, d'avancées, de modifications,

De brevets déposés qui viennent améliorer les précédents
Ou les piller.
Des objets apparaissent
Qui sont un peu fous,
Un peu encombrants,
Font des sons étranges,
Des objets que leur inventeur manipule avec de grands airs emphatiques
Devant un public dubitatif.
Des objets qui se multiplient.
Cœur fécond,
Rouages,
Moteurs,
Pistons.
C'est une révolution inouïe.
Machine à tisser mécanique,
Daguerréotype,
Machine à vapeur,
Dynamo.
Écoutez messieurs Watt, Gramme, Bell, Benz, Daguerre, Morse, Nobel, Colt expliquer toutes les applications possibles de leurs trouvailles.
Et ça va marcher.
Tout va marcher.
Ça va courir et chauffer.

Oh oui, tout grandit vite maintenant,
Et notre corps robuste se sent de taille à soulever la terre,
À embrasser le ciel,
À éblouir la nuit.
Ça cherche de partout,

Et les choses s'emballent.
Vapeur, sueur,
Ça chauffe !
Vapeur, sueur,
Plus vite !
L'Europe a les ongles noirs et les joues rouges.
Ça chauffe !
La course commence et elle ne va pas cesser de s'accélérer.
Bientôt arriveront les trams, les voitures, les métros…
Vapeur, sueur,
Plus vite, plus fort !
Hue, la machine !
Hue, sans plus jamais s'arrêter !
Tout s'échauffe
Et s'intensifie.
Le charbon règne sur un monde qui a faim d'essayer, de chercher, d'améliorer.
L'humanité plonge à corps perdu dans la production.
Ça commence là,
Par le son nouveau, répétitif et mécanique des machines à tisser
Qui laissent médusées celles qui deviendront les premières ouvrières et qui avancent pour l'heure, un peu craintives, dans ces grands halls en se demandant en quoi consistera leur nouveau travail,
Sans savoir qu'elles vivront dorénavant en cadence, du matin jusqu'au soir.
Ça commence là,
Pas l'Europe,
Qui remonte à plus loin,
Non,

Mais notre monde,
Parce que le jet de vapeur mène directement jusqu'à nous.
Nous sommes nés de cela.
Enfants de l'industrialisation
Et du règne des machines,
Ce moment où tout s'accélère et où l'homme européen se dit que le monde est un fruit juteux fait pour être exploité.
Et dans ce bruit staccato qui monte des hangars de Londres, Paris et Berlin,
Il y a un mot répété à trois tours par seconde,
Écoutez-le :
Compétition, compétition, compétition…

Hue !
Il faut aller plus vite,
Plus loin.
Les yeux rivés, toujours, sur ses voisins.
Avoir l'avantage,
Ne pas se laisser distancer.
Il faut être celui qui éclaire, influence, domine.
Hue !
La rivalité pour seule règle.
On appelle ça le libre-échange, vous connaissez ?
Nous n'avons pas cessé d'y croire,
Le libre-échange jusqu'à la surchauffe.
Nous sommes enfants de la rivalité.
Elle est aussi vieille que les nations
Parce que, depuis les origines, nos pays n'aiment rien tant que de se damer le pion.

The Great Exhibition of the Works of Industry of All Nations
Entrez,
Vous allez être éblouis !
Tout est prêt.
Entrez dans le Crystal Palace de Joseph Paxton !
Quatre cents tonnes de verre dans Hyde Park,
Quatre mille tonnes de métal,
Belle architecture acérée où vont se presser plus de six millions de visiteurs.
De mai à octobre 1851,
Six millions pour cette première Exposition universelle,
Ça en fait du monde,
Ça en fait des Oh ! et des Ah !
De stupeur,
D'émerveillement,
D'incrédulité.
Ça en fait des grands yeux ronds,
Des bouches ouvertes,
Des dames émerveillées
Et des messieurs qui s'improvisent ingénieurs
Et tentent d'expliquer à leurs cavalières le comment du pourquoi,
Et comme elles ne savent que dire, elles ponctuent la visite de "Ah bon ?… Tant que ça ?…"

Le prince Albert a eu une idée géniale :
À l'entrée,
Il a fait installer un bloc brut de vingt-quatre tonnes de charbon,
Tout simplement.
C'est monumental.

Vingt-quatre tonnes de charbon,
Et c'est la vérité :
L'Angleterre sait que de là, elle tire sa puissance,
Sait que de là, elle fera naître le monde de demain,
Sait que ce mot,
"Charbon",
Signera le siècle.
C'est toujours la même histoire :
Une époque se choisit une matière première et s'en gave.
L'Europe s'est faite avec le charbon.
Les villes où nous habitons,
Les guerres que nous avons faites,
Les objets qui ont accompagné nos vies,
Ont longtemps porté ce nom : charbon.
Tout le monde en veut.
Il faut creuser.
Gueules noires,
En Angleterre, au pays de Galles, en Wallonie ou en Pologne.
De père en fils,
De grand-père en petit-fils.
Gueules noires de femmes en femmes aussi.
Noires de frotter les linges souillés,
De vider la bassine au pied du lit où le mari crache ses toux de nuit.
Gueules noires par famille entière.
Les usines tournent,
Machines à engloutir du charbon de bois,
Machines à bouffer des vies.
Peuple de gars fiers.
Descendre à la mine, remonter à la lumière,
Toute une vie comme cela,
Au pied de ces terrils qui poussent comme des mausolées pour les tousseux.

Il faut travailler charbon et ça ne s'arrête jamais parce que, dans les mines, il n'y a pas de saison.
Et, à la fin, crever grisou ou crever craché, c'est selon.
Gueules noires, gueules cassées.
Longue lignée qui s'use.
Morts, vivants, on finit par ne plus très bien savoir.
Une vie entière dans les entrailles de la terre pour que d'autres vivent en pleine lumière.
Ce mot,
Charbon,
Pour dire le changement du monde.
La charrue s'éloigne avec sa vieille lenteur animale,
Elle est remplacée par de petits wagons nerveux qui font un bruit de dents quand ils remontent à la lumière, chargés de la sueur des hommes.

C'est cela qu'il dit, le bloc de charbon d'Albert :
Qu'il y a, dans le Crystal Palace,
Vingt-quatre tonnes de confiance en l'avenir,
Vingt-quatre tonnes de découvertes et de confort futur.
Et plus encore sous la terre !
Des milliers de centaines de milliers de tonnes,
Des fonds inépuisables de ressources…
God save the Queen
Puisqu'il a offert à la couronne d'Angleterre d'être le premier producteur de charbon.
Albert ne sait pas qu'un siècle plus tard,
Du 5 au 9 décembre 1952,
Ses arrière-petits-enfants
Tousseront comme des tuberculeux,
Pris dans un grand nuage de brume :
The Great Smog.

Il a fait grand froid les dernières semaines de novembre.
Tout le monde a voulu se chauffer.
On sort de la guerre,
Le charbon est de mauvaise qualité
Et il n'y a pas un souffle de vent.
Cinq jours d'un épais brouillard.
On parle d'un nuage jaune-noir.
La grande machine arrive à bout.
Pendant un siècle, on a pompé, extrait, brûlé, consommé
Et d'un coup, on n'y voit plus à deux mètres en plein jour.
The Great Smog,
Un siècle plus tard,
Pour répondre au grand bloc de vingt-quatre tonnes.
La machine n'en peut plus.
Surchauffe sur les villes !
Déraillement,
Asphyxie !
Et lorsqu'enfin le smog disparaîtra,
Balayé par les vents qui auront eu pitié des hommes,
Il laissera plus de dix mille Londoniens empoisonnés
Qui mettront quelques mois à crever de ce qu'ils ont respiré,
Bronchites purulentes aiguës,
Toux infectées et crachats de sang.
Est-ce qu'Albert les entend ?
Est-ce que quelqu'un a pensé à jeter une pierre sur l'Albert Hall pour dire sa colère d'étouffer charbon ?
Non.
Parce qu'il n'y a pas de lien pour les hommes de 1952 entre le smog qui teinte les rues de jaune

et la belle Exposition universelle de 1851 qui consacrait les valeurs du commerce et de l'ingéniosité humaine.
C'est bien cela que disait *The Great Exhibition*,
Avec sa fontaine de cristal de dix mètres de haut qui émerveillait les dames :
Que le libre-échange est un pilier de la modernité,
Que le commerce entre les nations doit produire de la richesse
Et que cette richesse ruissellera sur tout le monde,
Même sur les Oliver Twist de l'East End.
Sauf que les gueules noires n'ont jamais vu une goutte de ce ruissellement prodigieux
Et que les nations n'ont été converties qu'à une seule chose :
La concurrence,
Exclusivement.

Après toi, c'est à moi.
Chacun son tour.
L'Europe a un nouveau jeu :
La parade du progrès.
Après toi, c'est à moi,
Et ce sera plus haut, plus grand, plus étonnant !
On s'active à Paris,
Tout doit être prêt pour 1855.
On construit le palais de l'Industrie,
Mais comme on est en France,
Mère des Arts, des armes et tout ça,
On ouvre aussi l'exposition aux artistes.
"Ils n'y ont pas pensé à ça, les Angliches ?!..."
Alors on appelle Courbet, Ingres, Delacroix,
Faut que ça brille !

Après toi, c'est à moi.
À peine fini à Paris que l'Angleterre, déjà, veut rejouer
Ping-pong nerveux entre les capitales.
1862, Londres,
1867, Paris, puis Vienne, puis Paris à nouveau,
Puis, Bruxelles,
Laisse-moi jouer !
À mon tour !
Plus grand, plus fort !
Paris construit le Grand Palais,
Milan célèbre la percée du tunnel du Simplon.
Le train, toujours,
On traverse les Alpes en banquette maintenant.
Barcelone, les États-Unis, l'Australie,
Après toi, c'est à moi.
Tout le monde veut jouer.
Concurrence dans tous les domaines.
Paris est la plus goulue de toutes,
Elle pourrait presque faire une Exposition universelle par an pour laver l'affront de ne pas avoir été la première.
Nous sommes nés de ces temps-là, de génie,
D'activité frénétique,
De concurrence outrancière,
De patriotisme paternaliste.
Ces temps de gueules de suie
Et de famines de chômeurs.
Nous sommes nés de la grande rivalité.
Chaque ville a voulu régner.
Chaque ville a voulu inviter ses voisins à son propre sacre.
On a construit une tour Eiffel
Et un métro.
On a construit un cirque d'Hiver

Et tout cela rayonne.
L'Europe va vite.
Ça s'échauffe.
Aller plus loin,
Prendre l'ascendant,
Briller davantage.
Ce qui compte,
Entre Paris, Londres et Berlin,
C'est la rivalité
Et elle est sans pitié.

Oh, les villes qui changent…
Plus que tout, peut-être,
Nous sommes enfants de l'expansion monstrueuse des villes,
Qui deviennent monde,
Qui deviennent lumière, scène de théâtre,
Et taudis innommables.
Il faut imaginer cela :
Les quartiers puants de Paris,
Les grandes halles où ça sent la viande et le sang froid.
Il faut imaginer les chevaux partout,
Quatre-vingt mille chevaux à Paris,
Ça en fait, du purin !
Il en faut des cantonniers et des balayeurs…
Plus de six cents, rien que pour venir à bout du crottin quotidien.
Les villes sentent encore la bête,
Mais plus pour très longtemps.
On espère les voitures,
Et Haussmann taille ses crayons pour tirer des traits bien droits dans la capitale.

Les Bretons continuent d'affluer à la gare Montparnasse,
Les gamins s'entassent dans des maisons qui sentent le mauvais charbon de bois
Et Londres pue.
On a donné un nom à cette puanteur :
The Great Stink.
L'été 1858 est un long supplice,
Poisseux et odorant.
On s'en étouffe jusqu'aux hautes salles de Westminster
Et la Tamise n'est plus qu'un fleuve d'excréments,
Animaux morts,
Tripes d'abattoirs,
Merde humaine,
Et déchets putréfiés par la chaleur.
Londres pue
Et s'inventera des égouts.
Les villes grandissent,
Avalent les campagnes,
Absorbent les prairies qui les bordaient pour en faire des parcs ou de nouveaux quartiers résidentiels,
Élargissent leur centre.
Tant de vies serrées
Qui se rencontrent soudain,
Deviennent voisines.
Tant de vies qui apprennent la promiscuité.
On connaissait les jacqueries,
Les foules en colère hérissées de pics et de fourches,
On découvre les barricades.
Il faut élargir les avenues et le baron Haussmann se met au travail pour que les policiers puissent charger à cheval et rétablir l'ordre.

"L'artiste démolisseur", comme il aime à se nommer.
Il faut faire de Paris un damier,
Limiter les zones où les quartiers sont des labyrinthes à populace,
Nids contestataires de forcenés indélogeables.
"Assainissement" est le grand mot à la mode dans les salons,
Et "urbanisme", dont on ne sait pas encore très bien ce qu'il veut dire…
La ville pousse et appelle à elle des vies,
Toujours plus de vies…
Ça se serre autour des gares,
Ça brasse les accents.
Les villes deviennent énormes.
Les plus chanceux travaillent de l'aube jusqu'au soir,
Les autres tendent la main.
Regardez les enfants mendiants de Fernand Pelez,
Vendeurs d'allumettes,
Mères encombrées de mioches aux regards épuisés.
Il faut imaginer la pauvreté nue des quartiers ouvriers où on s'aide d'un peu
En regardant passer au loin les calèches
Qui font, sur le pavé, un bruit de mépris.

Plus vite, plus fort !
Hue la jument machine !
Encore,
À en crever !
Les usines tournent.
Machines à tisser,
Hauts fourneaux,

Locomotives.
On n'avait jamais entendu pareils grondements.
Et ça en mange des hommes…
La révolution industrielle n'a pas inventé que des machines,
Elle a aussi inventé le prolétariat et la colère.
Tout est contemporain :
Victor Hugo et Karl Marx,
Les grandes famines en Irlande et le *Manifeste du Parti communiste*.
Tous se croisent, échangent, mettent le feu au monde des idées,
Engels, Proudhon, Blanqui, Garibaldi.
Tous fuient, se cachent, connaissent l'exil.
Elle existe, l'Europe des fuites en pleine nuit,
L'Europe des communistes,
Des anarchistes,
Des penseurs sulfureux
Qui décident que leur vie est de porter un coup décisif au vieux monde.
Et on parle toutes les langues,
On s'abrite sous tous les toits,
On s'épuise dans des voyages clandestins et des séjours en prison.
L'Europe gronde
Parce qu'elle a faim
Et sent bien que ce qui est né en ce siècle
Ne se nourrit que d'une chose :
La force de travail de ceux qui n'ont rien.

Plus vite, plus fort,
Chauffe, chauffe !
Production, combustion,

Encore et encore !
Hue la machine à broyer les masses indistinctes,
Hue à toute pompe de vapeur brûlante,
Tout chauffe et s'exalte,
La fée électricité vient de décréter son règne.
Lumière dans les rues,
Les esprits,
Lumière partout !
Un demi-siècle de course,
D'émerveillement,
D'invention,
Un demi-siècle d'exploitation.
De progrès et de régression,
Un demi-siècle durant lequel l'Europe s'est vidée
  par bateaux entiers vers le Nouveau Monde.
Un demi-siècle de prospérité et de misère
D'empires naissants et de krachs boursiers.
Le chemin de fer est né et a tapissé l'Europe.
C'est lui qui règne sur les routes
Mais c'est par lui aussi que viendra la crise.
La Bourse de Vienne tremble*,
Puis, dans la foulée, celles de Paris et de Berlin.
Elles n'ont plus de liquidités.
C'est ainsi qu'on avancera dorénavant :
D'un krach à l'autre,
Surchauffe et dégringolade,
Le monde est devenu maniacodépressif.
Dans une main, l'électricité, dans l'autre, l'absinthe.
La lumière et l'ivresse
Jusqu'au grand trou noir
Qu'on sent venir
Mais qu'on ne peut pas éviter.

* Krach boursier de Vienne en 1873.

Cela fait trop longtemps qu'on y court
Au grand trou noir,
Comme à son destin.
Hue !
Plus vite,
Plus fort,
Jusqu'à la tombe !
Poussez,
Fouettez,
Sueur, vapeur,
Faut que cela chauffe,
Même dans l'abîme !

III

LE MONDE DÉVORÉ

Ce que nous avons mangé a fait de nous ce que nous sommes
Et pendant des siècles, nous avons mangé le monde.
Nos pays ont fait la course
Pour s'approprier les matières premières.
Être celui qui vend et non celui qui achète,
Celui qui décide et non celui qui subit.
Tout s'est joué là pendant des décennies.
Qu'avons-nous fait lorsque nous avons régné ?
Nous nous sommes bâfrés.
Et comme nos pays étaient trop petits,
Nous avons inventé la Conférence du Découpage.
C'est un modèle qui resservira,
Que l'on déclinera à souhait :
Quatre ou cinq hommes autour d'une table,
Une carte d'état-major dépliée,
Des verres de whisky et des cendriers – parce que les nuits de négociation sont parfois longues,
Et une règle pour pouvoir tirer des traits sur les pays à partager.
À toi,
À moi,
Des villes,
Des peuples,

Des civilisations entières,
D'un côté ou de l'autre,
À toi,
À moi,
Selon l'humeur et le rapport de force.
À Berlin en 1885, ils sont tous là : Français, Italiens, Anglais, Espagnols, Belges, Danois, Hollandais, Portugais, Russes, Norvégiens, Ottomans, Américains, Austro-Hongrois,
Devant une énorme assiette :
L'Afrique,
Plus grande que leurs yeux, leurs bouches, leurs ventres,
Mais ce n'est pas grave,
Ils ne mangent pas que pour eux,
Ils mangent pour leurs enfants et leurs petits-enfants.
Ils mangent pour un bon siècle de colonisation,
Cela vaut le coup de se mettre à table…
"Toute puissance européenne installée sur la côte peut étendre sa domination vers l'intérieur jusqu'à rencontrer une sphère d'influence voisine."
C'est ce qu'on établit à la conférence de Berlin.
Vous imaginez ?
Ça laisse beaucoup de latitude une phrase pareille.
À nous, les fleuves !
Il faut remonter les cours d'eau le plus vite possible.
Foncez avant que d'autres n'y aillent !
À nous, les comptoirs sur les berges !
La règle est simple : tant qu'il n'y a que des Noirs, c'est à nous.
Premier qui y est, premier qui gagne.
Foncez !
Allez chercher Livingstone et Stanley,

Oscar Baumann et Lenz,
Burton et Brazza,
Mettez les casques coloniaux,
Embarquez les malles,
Il n'y a pas de temps à perdre !
Allez chercher les capitaines Binger et Gouraud,
Voulet et Chanoine
Qui tueront tout sur leur passage – même les Français qui essaieront de les arrêter.
Allez, vite !
La course a commencé.
Il faut tout prendre : le caoutchouc, le bois, les pierres précieuses, le café, le chocolat, le sucre, le poivre et toutes les épices nouvelles.
Il faut aller chercher de l'ivoire pour nos boules de billard et les touches de nos pianos.
Matières premières,
Matières secondaires,
Produits de luxe ou de première nécessité.
Il y a de tout sous le sol d'Afrique,
De tout dans les Caraïbes et en Amérique du Sud,
Il suffit de s'organiser et d'arriver le premier.

Les nations se servent, les individus aussi.
Tout un pays pour un seul homme, vous croyez que c'est impossible ?
Savez-vous à qui est le Congo ?
"Propriété privée du roi des Belges."
Léopold II,
    Crachez sur son nom,
Avec sa belle barbe
Et son nez d'officier.
Pas "colonie belge",

Non,
"Propriété du roi."
Léopold II,
    Crachez sur son nom,
C'est son jardin, le Congo,
Son terrain de jeu.
Et il n'aime pas les mains, Léopold,
    Crachez sur son nom,
En tout cas pas celles des Noirs
    Il doit trouver ça superflu…
Alors il les fait couper,
À grande échelle.
Pour tout travailleur africain qui ne ramènerait pas assez de caoutchouc ou se serait enfui,
Pour tous les paresseux, les réfractaires,
Sanction !
Toujours la même :
Coupez !… Coupez !…
Vous trouvez ça monstrueux ?
Pourtant, Léopold II a des statues à son effigie,
De-ci de-là,
    Crachez sur son nom,
Place du Trône à Bruxelles,
Place Wiertz à Namur,
Une avenue à Paris qui donne sur la place Rodin.
Léopold aux mains rouges,
Sur lequel Mark Twain* a craché mais ça n'a pas suffi,
Sur lequel Arthur Conan Doyle** a craché mais ça n'a pas suffi…
Le Congo, c'était chez lui,

* *Le Soliloque du roi Léopold* de Mark Twain.
** *Le Crime du Congo* d'Arthur Conan Doyle.

Un point, c'est tout,
Sa sphère d'influence, comme on dit.
Il y en a d'autres,
Des zones d'entraînement en massacre,
D'exploitation de sueur humaine.
Chaque pays a la sienne.
L'Allemagne va se faire les dents en Namibie,
Elle y envoie Lothar von Trotha,
Crachez sur son nom,
Parce qu'il est venu à bout de la révolte des Boxers.
Il sait mater les peuples et c'est ce qu'on lui demande de faire à nouveau,
Dans l'indifférence générale.
Il faut en finir avec les Hereros.
Lothar von Trotha,
Crachez sur son nom,
Signera un *Vernichtungsbefehl*,
Ordre d'extermination,
Ça fait bizarre, non ?
Ça ne vous rappelle rien ?
Vernichtungslager.
On s'entraîne en Namibie,
Je vous dis.
Et ça marche bien.
Lothar von Trotha,
Crachez sur son nom,
Écrit d'ailleurs ceci :
"À l'intérieur des frontières allemandes, chaque Herero armé sera abattu. Je n'accepterai pas non plus de femme ou d'enfants."
Ça ne vous rappelle rien ?
Pas un seul.
Il ne doit pas en rester un seul,
Place nette.

Et Göring, l'immonde,
Hermann Göring,
Crachez sur son nom,
Avait un papa,
Heinrich,
Qui avait été nommé en Namibie lui aussi.
Il a dû raconter de belles histoires à son fils.
Il y a un lien entre l'écrasement sauvage de l'Afrique,
L'exploitation gourmande de ses ressources,
L'exercice permanent de l'abus,
De l'autorité,
De la morgue,
Et ce qui vient ensuite.
Tant d'hommes, envoyés sur ces terres comme des chiens tout-puissants, se sont habitués à régner en petits tyrans,
À violer tant qu'ils voulaient,
À tuer sans conséquence,
À jouir en maître.
Tant d'hommes en ont asservi tant d'autres
En ne voyant même pas le mal…
Vernichtung
Le mot est planté en terre
Et ne cessera de croître.

Les zones d'influence,
Vous les connaissez ?
En Indonésie et au Surinam : les Pays-Bas,
En Afrique de l'Ouest, en Indochine et au Maghreb : la France,
En Angola : le Portugal.
En Éthiopie : l'Italie

Mussolini charge Pietro Badoglio d'essayer les gaz sur les armées du Négus,
Crachez sur son nom, sur leur nom à tous les deux.
Il prend Addis Abeba en couvrant le pays de nuages moutarde qui tuent indistinctement les guerriers,
Le bétail,
Les enfants.
Rodolfo Graziani,
Crachez sur son nom,
"Vice-gouverneur de la Cyrénaïque italienne",
"Vice-roi de l'Afrique orientale italienne",
Qui n'a pas son pareil pour réprimer les rebelles,
Arrive à vaincre Omar al-Mokhtar, le lion du désert,
Qu'il fait pendre comme un gueux.
La mort n'est pas juste :
Graziani,
Crachez sur son nom,
Survit à un attentat à Addis Abeba.
Pourquoi ne veut-elle pas de lui ?
A-t-elle peur de se salir les mains ?
En revanche, elle emmène avec elle des centaines d'Éthiopiens tués en représailles.
Il y a une Europe de ces grands fauves-là,
En uniforme,
Qui regardent les paysages d'Afrique au petit matin,
Avec la conviction d'œuvrer pour la patrie.
Franco,
Crachez sur son nom,
Se fera les dents au Maroc.
En se battant contre les Maures dans la guerre du Rif,
Persuadé, probablement, de poursuivre l'œuvre d'Isabelle la Catholique.

Et même ceux qui sont exemplaires,
Même les grands soldats,
Comme Gallieni,
Dans les colonies, prendront des airs de père Fouettard,
Indisposés par le bruit des indigènes.
C'est dire que ce n'est pas tel ou tel,
Plus sage ou plus sanglant,
C'est la structure même du colonialisme qui les rend laids.
Gallieni arrive à Antananarivo
Et c'est pour "rétablir l'ordre".
Alors Madagascar saigne.
On fusille sans procès,
On montre sa force,
On tue la populace qui aurait des velléités,
Et quand le calme revient
Quand l'île est stupéfaite d'avoir été tuée,
On construit des écoles et des dispensaires où les enfants qu'on vient de faire orphelins pourront être soignés.
L'Europe s'entraîne, je vous dis,
À soumettre, sans ciller.

IV

NOUS NE DORMIRONS PLUS

Depuis quand l'Europe a-t-elle perdu le sommeil ?
Quand a-t-elle commencé à tendre l'oreille ?
Depuis quand est-elle inquiète,
Sujette aux cauchemars ?
*"Il y a moins de sommeil aujourd'hui dans le monde**.*"*
Écoutez la voix de Stefan Zweig,
Fils d'une culture qui bientôt n'existera plus.
Le monde ne sait plus dormir,
Tout n'est plus que fracas, nerfs à vif et couleurs vives.
Ça frémit sous les doigts des peintres.
L'homme est un cavalier bleu.
Die Brücke,
Der Blaue Reiter,
Inquiétude des formes.
Les corps se tordent,
Les bouches s'ouvrent grandes,
Jaillissement de rouge, de vert, de bleu insomniaque,
Tout s'inquiète

* *Le Monde sans sommeil* de Stefan Zweig.

Et le monde, de plus en plus souvent, parle d'une voix de régiment.

Identité ?
Apte ou inapte, c'est tout.
Nationalité ?
Allié ou ennemi, rien d'autre.
Profession ?
Soldat ou ouvrier, ça suffira.
Une nouvelle époque se prépare
Et elle n'a que faire des pères de famille, des frères, des amants,
Elle n'a que faire des sentiments, des mouchoirs, des promesses de revenir vite.
Elle a besoin d'hommes, de foules d'hommes.
Il va falloir s'habituer à n'être qu'un parmi tant d'autres,
Dans les usines
Ou sous les drapeaux.
Troupe, foule, régiment.
C'est le temps du petit homme qui commence,
Le petit homme indistinct,
Pareil en tout point à son voisin,
Le petit homme qui n'est grand que par sa souffrance,
Et par ce qu'il est capable d'endurer.
C'est de cela qu'on a besoin.
Il est temps d'être nombreux
Et disciplinés.

Cela commence avec le tocsin, dans les villages,
Pour annoncer la mobilisation générale

Et c'est glaçant,
Parce que c'est un tout petit bruit fragile
Mais on sent qu'il porte en lui tant de sang…
Puis, c'est le bruit des chevaux, la nuit, sur les pavés,
Lorsque les régiments montent au front
Et on n'en revient pas de voir passer tant de fils,
Si jeunes, tous,
Si beaux dans ces nuits de départ.
Cela continue avec la mitraille,
Oh, oui, la mitraille,
Il fallait bien qu'on en arrive là.
Les rodomontades,
Les menaces,
Les anathèmes,
C'était pour ça.
Masser des troupes à la frontière
Et passer en revue des régiments,
C'était pour ça.
Accélérer la production d'obus
Et échafauder des scénarios de batailles,
C'était pour ça.
À la fin, quand on a bien bombé le torse et compté ses troupes,
Il faut bien s'étriper,
Alors on y va.

Plantez des croix sur ces champs immenses.
Plus,
Toujours plus.
Plantez des croix,
Posez des plaques,
Érigez des statues :

Morts pour la France au champ d'honneur, gloire de la patrie et tout cela…
Plantez,
Plantez,
Il en faudra beaucoup
Car elle va être mondiale, celle qui vient…
On va venir de loin pour mourir jusqu'ici.
Polissez des cercueils,
Creusez des fosses,
Il en faudra plus que ce que vous pouvez imaginer.
Côte à côte,
Coude à coude.
Gravez sur le marbre des noms,
Encore des noms,
Des listes infinies de noms.
Il en faudra des statues,
Des monuments,
Des minutes de silence,
Pour rendre hommage à ceux qu'on a sacrifiés.
Il en faudra des pelletées
Pour enterrer tous les corps que le siècle va manger.

Et puis, ça commence.
Jamais vu une chose pareille :
Choc de l'acier et de la terre,
Tempête de métal qui disloque et les vies et les arbres,
Remue le sol,
Éclate le jour,
Et rend sourde la nuit.
Ça commence avec la canonnade et ça se termine avec le gémissement des mourants,
Sanglots, murmures, gargouillis,

Petits bruits de peur, d'épuisement, de détresse animale presque.
Dans les tentes d'infirmerie, ça pisse le sang,
Ça coule de partout,
Ça suinte,
On glisse dans la bidoche tellement y en a.
On ne prend même plus le temps de nettoyer entre deux corps.
On ampute aussi vite que possible.
Ça gueule dans des odeurs de chairs brûlées,
Avant de s'évanouir
Ou de mourir.
Et les jambes, les bras, les mains coupés restent entre les doigts du chirurgien
Qui hésite un moment,
N'en revient pas de tout ce qu'il a scié depuis le matin,
Et reste là, comme tétanisé,
Instant suspendu où son esprit est à l'arrêt,
"Docteur ?..."
"Docteur ?..."
L'infirmière l'appelle, le secoue par la manche,
Il faut se reprendre,
D'autres geignent, attendent, se vident de leurs forces,
"Docteur ?..."
Il se réveille d'un coup,
Retrouve sous ses yeux les corps en souffrance,
Un autre blessé déjà arrive,
A été posé sur la table,
Et coule et crie.
Jamais rien ne l'avait préparé à tant garroter, à tant amputer,
Jamais rien,

Et il ne sait pas ce qu'il est en train de devenir,
Médecin
Ou gardien des Enfers.
Il ne sait pas
Mais ses mains refont les gestes
Et les blessés sanglotent ou s'évanouissent,
Sanglotent ou s'évanouissent,
Sanglotent ou s'évanouissent,
Oh Dieu,
Où êtes-vous ?
Sanglotent ou s'évanouissent…

Finie la nuit,
Fini le cycle du jour et de la nuit parfaitement alternés,
Fini le repos épais des paysans.
Fini,
On tue à toute heure
Et si on ne tue pas, on vit d'inquiétude
Et cela tient éveillé.
Nous nous blottissons dans nos trous,
Nous tendons l'oreille,
Nous nous vidons de peur dans des odeurs de chiasse et de crampes d'estomac
Et nous prions,
Beaucoup d'entre nous prient,
Parce qu'il n'y a que cela à faire,
Et tant pis si ceux d'en face prient aussi,
C'est à qui priera le plus fort.

Notre Père qui êtes aux cieux Donnez-nous la force de tuer Faites-nous plus forts que nos ennemis Du fond de l'abîme nous sommes si petits Et nous crions jour et nuit Seigneur Il n'est pas possible que vous n'entendiez pas Notre père qui êtes aux cieux Faites-vous sourd à nos ennemis même s'ils prient eux aussi Ils ne peuvent pas le faire avec autant de ferveur que nous Notre Père délivrez-nous du sang par la victoire Je vous salue Marie pleine de grâce Je salue tous les saints pourvu qu'ils me viennent en aide et me donnent la force de me lever de courir de tirer plus vite que celui qui me vise Sainte Marie mère de Dieu C'est maintenant qu'il faut nous sauver Maintenant car la mort nous avale Elle est gourmande Sainte Mère des trucidés Et vous seule pouvez nous sauver Notre Père qui êtes aux cieux ou ailleurs Ayez pitié Où que vous soyez Pitié

Boucherie,
Boucherie.
Jamais la terre n'a autant senti le sang.
Ceux de Liège vont tomber
Et tout pourra commencer.
La ville wallonne est attaquée, résiste un temps, puis finit par céder.
*"Ceux qui sont morts pour le monde là-bas, à Liège** "*
N'auront fait que repousser de quelques jours la boucherie.
Mais c'est bien elle qui vient et elle avance à grands pas.
En une journée**,
Vingt jours seulement après le début de la guerre,
Vingt-cinq mille Français meurent

* "Ceux de Liège", poème d'Émile Verhaeren, publié en 1916.
** Le 22 août 1914.

Près de Charleroi,
Sous un feu d'acier.
Qui peut dormir après cela ?
Qui peut rêver après avoir survécu à cela ?
Un continent se jette dans l'abîme.
Boucherie,
Boucherie.
Amok des États-nations,
Moloch de la jeunesse européenne,
Bâfrerie de chair,
Orgie de vies,
Ça crève à grande brassée,
À dix-huit ou vingt ans,
Avec une vie devant soi qu'on n'aura même pas touchée du bout du doigt
Parce qu'on va mourir puceau,
Presque imberbe pour certains.
Qui peut dormir en Belgique ?
Dans la Somme,
Les Ardennes,
Ou sur le front est ?
Qui peut dormir dans les tranchées ?
L'acier tombe du ciel,
Des obus par milliers,
Cadence d'usine déformant la terre,
Rendant fous les hommes,
Orage,
Tempête,
Déluge,
Il n'y a plus de mot pour dire le pilonnage incessant,
Qui veut juste écraser la vie,
Toute vie.

Ypres est le nom de notre grande toux.
Cela aurait dû être Bolimov,
Lorsque le général August von Mackensen,
Crachez sur son nom,
Ordonne de lancer dix-huit mille obus de bromure de xylyle sur les lignes russes,
Mais l'Histoire n'en veut pas de ce jour-là.
Le froid fige les gaz
Et les vents éparpillent les nuages.
L'Histoire attend Ypres qui arrive moins de trois mois plus tard.
Le 22 avril 1915,
Les Allemands réessaient
Et ça marche, cette fois.
Le gaz moutarde se propage,
Épais, huileux, orange
On lui donnera bientôt un nom : ypérite,
De ce lieu où il fut – non pas utilisé pour la première fois –
Mais où, pour la première, il donna satisfaction.
Tousser, vomir, mourir.
Le gaz va emboucaner le front.
Tousser, vomir, mourir.
On se doutait bien que c'était une arme d'avenir…
Demandez à Lothar von Trotha qui essaya en Namibie,
Demandez à Pietro Badoglio qui essaya en Éthiopie,
Demandez aux Anglais qui utilisèrent l'acide picrique durant les guerres des Boers,
On avait bien vu que ça tuait large,
Mais jamais en Europe.
Ypres est le nom des morts sans blessure, aux yeux grands ouverts,

Qui veulent respirer par une bouche qui se resserre.
Plus ils respirent, plus ils meurent,
Et plus ils se sentent mourir, plus ils veulent respirer.
Ypres est le nom de la science mise au service de la mort,
De tous ces chimistes allemands, anglais, français,
Qui firent des essais, essayèrent d'améliorer leurs produits, tuèrent des rats, des singes, en chronométrant le temps qu'il fallait.
Ypres est le nom d'une cloque sur le visage de l'humanité.

L'Europe devient une terre ouverte,
Avec ses tranchées,
Ses cratères,
Ses villes en ruine.
L'Europe devient une terre de soldats inconnus,
Dont on ne retrouve que des bouts,
Ou rien du tout.
On sait juste qu'ils étaient là, au cœur du feu,
Dans l'enfer
Et qu'ils ne sont plus.
John Kipling, le fils de Rudyard, est tué à Loos-en-Gohelle, lors de sa toute première montée au front.
*"You'll be a Man, my Son**!…"*
Dix-huit ans à peine.
Il était myope, John,
Avait été réformé,
Mais il a supplié son père de l'aider
Et Rudyard a parlé à quelques amis.

* "If", poème de Rudyard Kipling.

Son fils a pu s'engager et il est venu mourir sur une terre qui ne l'a même pas rendu.
Lui et tant d'autres,
Qui n'avaient pas de pères célèbres,
Qui avaient les pieds plats,
Ou zozotaient,
Ou n'étaient jamais sortis de leur village,
N'avaient jamais été coupés de leur famille,
Eux, tous,
De grands jeunes gens un peu fanfarons,
Un peu bêtes,
Encore vierges pour certains,
Eux tous,
Anglais,
Canadiens,
Venus mourir si vite.
De la chair à tranchée.
Ça fera des croix dans les cimetières militaires,
Plein de jolies croix alignées,
Des peuples de croix,
Et Kipling père va continuer de chercher sur les terres de Loos.
Il le fera jusqu'à sa propre mort,
Organisant des fouilles pour retrouver les restes de son fils.
Il est fou de douleur,
Et gratte la terre avec obstination :
"Rendez-moi mon fils..."
Il posera mille fois les mêmes questions,
Reviendra encore et toujours,
Vieux geste grec du désir de sépulture.
Kipling,
Vieillard égaré dans sa faute,
Mi-roi Lear,

Mi-Antigone
Ne supportant plus ce mot qui le torture,
"Inconnu",
Car aucun n'était "inconnu".
Ils avaient tous des noms,
Des familles.
Ils avaient des amis, des projets, de l'humour et des talents.
Ils écrivaient des lettres,
Jouaient aux cartes,
Comptaient les jours.
Inconnus, non.
Alors Kipling invente une formule :
"Known unto God"
Et cela peut-être l'apaise un peu
"Connu de Dieu",
De Dieu seul mais de Dieu tout de même.
Il peut se dire cela, Rudyard : que Dieu au moins le voit, son fils,
Sait où il gît,
Peut le nommer et l'accueillir.
Il en a vu beaucoup, Dieu…
Il a dû être ahuri de toutes ces longues colonnes de jeunes gens qui se sont présentés à lui,
Français, Allemands, Anglais, Irlandais, Canadiens, Sénégalais, Tunisiens, Marocains, Vietnamiens, Belges, Russes,
Il a dû être étourdi,
Tant de langues,
Tant de visages défoncés,
Et puis, un jour, Kipling se remet à pleurer,
Parce qu'il sent que *"Known unto God"* ne le console plus de rien.
Et avec lui, toutes les mères d'Europe pleurent

Mais ça ne fait aucun bruit
Car elles le font doucement,
La nuit,
En mordant l'oreiller
Ou chaque fois qu'elles passent devant le monument aux morts qu'ils viennent d'ériger sur la place, devant la mairie,
Et où le nom de leur enfant est gravé.
Cela les fait sursauter,
Ce nom,
Chéri, embrassé, prié tant de fois,
Ce nom
Gravé dans la mort.
Elles pleurent, et crachent, les mères,
Parce qu'elles ont envie d'être mauvaises,
Et elles ont raison.
Elles ne dormiront plus,
Elles ne riront plus,
Elles seront comme des millions d'autres mères d'Europe,
Amputées,
S'interrogeant sur ce qui a bien pu mener à une telle bâfrerie,
Ne se souvenant plus guère de la joie d'avant,
Et se demandant à soi-même,
Les nuits où la douleur est trop forte,
Si l'on peut porter le deuil de son propre suicide.

Terres lointaines d'épreuves,
Noms de lieux devenus cicatrices.
Mărăşeşti*,

* Dernière grande bataille du front est en 1917 entre Roumains et Allemands.

Les Dardanelles,
Caporetto*,
Verdun,
Tutrakan**,
Douaumont.
Vous êtes venus de loin pour mourir en ces lieux.
Tant d'entre vous qui ne savaient même pas que ces endroits existaient
Et qu'ils vous attendaient pour devenir tombeaux.
Des kilomètres parcourus,
Des mers traversées,
Pour finir au grand festin de la guerre.
L'Europe a invité le monde entier à son suicide
Et à la fin, elle a tué tous les invités.
Est-ce que les chants de douleur des mères du Tonkin, du Siam ou de Madagascar sont parvenus jusqu'aux tranchées de la Somme, les nuits de veillée ?
Est-ce que les prières du Mali, du Sénégal sont venues apaiser le visage des tués du Chemin des Dames ?
Non.
C'était trop loin.
Et la distance même montrait que cela n'avait pas de sens,
Qu'aucun de ces jeunes gens,
Venus de si loin,
Ne devait mourir pour une Europe qui avait décidé de s'immoler.

* Défaite italienne face aux armées allemandes, en 1917.
** Lieu d'une bataille en 1916 entre Roumains et Bulgares qui se solde par la victoire de la Bulgarie.

Que reste-t-il après quatre ans de saignée ?
Des ossements sur des terres labourées.
Des armes qui rouillent.
Rudyard Kipling qui continue à chercher son fils aux alentours de Loos.
Que reste-t-il encore ?
Des gueules cassées,
Des esprits déchirés,
Une paix à signer,
Et les mangeurs de feu qui reviennent,
Parce qu'ils n'en ont jamais assez.

Écoutez Harold Nicolson,
Diplomate anglais à la conférence de Paris,
Jeune homme terrifié par ce qu'on impose à l'Allemagne.
C'est lui qui parle des "mangeurs de feu"
Car il le voit et le dit :
Le traité de Versailles est une humiliation
Et nous la paierons.
Pourquoi le vainqueur a-t-il toujours le geste de trop ?
À Versailles, ce sont les mangeurs de feu qui décident, imposent, plastronnent
Et nous préparent déjà la revanche inévitable.
Que reste-t-il après quatre ans de saignée ?
Des arbres comme des cure-dents,
Des champs de queues-de-cochon,
Des trous d'obus et trois Empires qui tombent.
La chute de l'Empire ottoman, de la Grande Russie et de l'Empire austro-hongrois donne à l'Europe son nouveau visage.
Mais elle n'a pas encore le temps de souffler.

Tout va trop vite.
L'Histoire n'attend jamais qu'on soit prêt.
Après cette Première Guerre mondiale,
L'Europe aurait dû panser ses plaies pendant vingt ou trente ans…
Une décennie de silence,
Consacrée simplement aux souvenirs des morts,
Et à la reconstruction.
Mais la fièvre est là,
L'Europe a les yeux cernés, et ne dort toujours pas.

V

VITE !

Est-il temps de s'étourdir ?
Oui.
De danser, de fumer, de crier, de peindre ?
Oui.
Est-il temps d'envoyer paître le vieux monde pour descendre dans les caves à jazz où les heures ne comptent plus,
D'écrire dans les cafés de Paris des poèmes qui sidéreront le monde ?
Oui.
Est-il temps de dire non seulement "Plus jamais ça" mais de le vivre, avec appétit, et rester réfractaire à tout le reste ?
Oui.
On a trop obéi.
Depuis des siècles,
Et cela n'a fait qu'agrandir les cimetières.
Est-il temps de gesticuler, d'être inconvenant, de sourire large avec défi ?
Oui,
Je vous en prie,
Grand temps.
L'Europe a besoin des seins de Joséphine Baker et des poèmes de Cendrars.

L'Europe a besoin de la gouaille de cabaret de Brecht
Et des peintres de la Ruche.
L'Europe a besoin de Nadja,
D'explorer les champs magnétiques,
Et de toucher des yeux la nudité des femmes violons de Man Ray.
Est-il temps de boire,
D'être insoumis ?
Oui.
Die Goldenen Zwanziger,
The Roaring Twenties,
Faites vite !
Dépêchez-vous de rire,
Finissez les bouteilles,
Enchaînez les toiles, les livres, les poèmes,
Vite !
Dépêchez-vous de parcourir les rues folles de Paris et Berlin pour en sentir le pouls.
Dépêchez-vous.
La nuit est bruyante,
Pas seulement du son des trompettes,
Mais de notre propre tumulte.
L'Europe apprend à se regarder à l'intérieur
Et cela fait peur, c'est sans fond, mais cela rend ivre aussi.
Le docteur Freud dessine des cartes étranges sur son divan couvert de plaids,
Des cartes qui sont des labyrinthes de désir, de refoulement, de pulsions et de terreurs.
La nuit remue
Et nous sommes peuplés.
Tout grouille.
Dépêchez-vous d'aller voir *L'Opéra de quat'sous* au Theater am Schiffbauerdamm

Pour voir Lotte Lenya et Kurt Weill.
Dépêchez-vous de traîner près de ce qu'Henry Miller appelait le "nombril du monde",
Le carrefour Raspail/Vavin/Montparnasse,
Que tant de pas ont foulé.
Tant de doutes,
D'exaltation,
D'épuisements.
Tant de cafés ont été bus,
Là,
Sur ces terrasses,
Pour ne pas se retrouver face à une solitude d'affamé.
Dépêchez-vous,
Déjà, on insulte.
Déjà, la politique sent l'huile de ricin.
Déjà on qualifie des hommes de "vermine",
Vermine rouge,
Vermine juive,
Vermine sodomite,
Et le 24 octobre 1929,
Tout s'écroule.
L'Europe arrête de danser :
La musique qui venait de New York vient de dérailler.
Jeudi noir,
Puis, mardi noir, pire encore,
Puis, hiver noir, à ne plus pouvoir s'en relever,
Puis, Grande Décennie noire
Qui fera trembler les peuples.
Brouettes d'argent et vies ruinées.
L'Europe cul par-dessus tête.
Non pas de ses blessures
Mais d'une hémorragie de billets.

Et tout se tend,
Les visages,
Les discours.
Les files de chômeurs grandissent.
Dépêchez-vous encore de jouir,
Si vous pouvez,
Mais déjà le cœur n'y est plus.
L'ivresse a été de courte durée.
Jamais la rue politique n'a été si violente,
En Allemagne,
En Italie,
Jamais autant de bagarres, d'intimidations, de coups de poing et de cassages de gueule,
Jamais autant de vitrines brisées,
De bureaux saccagés,
Et de meurtres.
Car on se met à tuer à nouveau.
De façon ciblée :
Syndicalistes,
Opposants,
Journalistes,
Penseurs.
On tue tout ce qui ressemble à de la démocratie et de l'intelligence,
Et Rome s'habitue,
Berlin s'habitue.
Presque un mort par jour…
Matteotti, assassiné,
Walther Rathenau, assassiné.
Les frères Rosselli, assassinés.
Tant d'autres qui n'ont plus de nom au regard de l'Histoire.
Elle est légère, l'Histoire,
Ça l'ennuie vite, ces listes infinies de victimes.

Elle brasse large et avance.
On ne peut pas tous les retenir, ces noms,
Il faut en prendre son parti.
Parti national fasciste
Voilà ce qui vient.
Ça va vite.
Mouvement des travailleurs nationaux-socialistes,
Chanteurs à la main tendue,
Uniformes rutilants,
Et faces tournées vers le Guide.
Oh, comme il est bon d'obéir à nouveau.
Rien n'est plus beau que d'être à l'unisson,
Marquer le pas
Et bastonner l'ennemi.

Vous sentez ?
Une odeur nouvelle envahit les rues de Berlin.
Le 10 mai 1933,
Sur l'Opernplatz :
Bûcher de livres.
Brecht, Döblin, Freud, Marx, Mann, Zweig,
Bücherverbrennung.
On en fera un peu partout, des montagnes de papiers scandaleux,
Des montagnes d'auteurs juifs, pacifistes, dépravés, corrompus,
Des montagnes qui brûlent doucement tandis que la foule fait le salut bras tendu.
Joseph Goebbels est là,
Crachez sur son nom,
Et parle de "purification".
Il a peur que la culture décadente soit contagieuse,

Il a raison sur ce point : rien n'est plus contagieux que les livres.
Alors, vous sentez ?
À Bonn, Brême, Hanovre, Francfort, Heidelberg, Nuremberg, Rostock, Hambourg,
Les étudiants jettent au feu des chefs-d'œuvre, avec ivresse.
Oh, comme il est bon de n'être plus un individu,
D'abdiquer son esprit,
Sa volonté,
De se soumettre
Avidement,
Totalement,
Au groupe
Bras tendu comme les autres,
Et mieux qu'au groupe,
Au chef.
Obéir
Aura été la grande affaire de l'humanité.
Obéir et chanter,
Il n'y a pas de meilleur moyen pour en venir au meurtre.

Tout s'énerve et se tend.
Pogroms,
Bastonnades.
"Jamais, depuis qu'il existe, le monde n'a été aussi globalement énervé, aussi intégralement excité.*"*
Il la sentait, Zweig, cette tension qui courait dans les villes,
Et se propageait le long des routes.

* *Le Monde sans sommeil* de Stefan Zweig.

Le grand meurtre approche.
Il a décidé de ses cibles.
Le *Münchener Post* essaie de faire le compte des assassinés,
Vaille que vaille,
Pour défier Hitler.
Le journal tient bon pendant une décennie,
Jusqu'au jour où les Sections d'Assaut fondent sur les bureaux et les saccagent.
Tous les journalistes sont arrêtés et déportés.
Le *Münchener Post* désormais sera un bâtiment vide,
Mausolée de mélancolie
Qui annonce les tourments de demain.

VI

INDÉSIRABLES

Dans tant de villes, de régions, de campagnes, il faut fuir.
Pour tant d'hommes et de femmes, il faut essayer de se mettre à l'abri.
Des familles entières quittent tout pour rejoindre la France, la Suisse, l'Angleterre,
Ou passer aux États-Unis.
Dès qu'ils sont sur les routes, ils ont un nom nouveau :
"Indésirables".
Le continent devient une carte compliquée de points de passage, de barrages et de frontières fermées.

L'Allemagne se vide.
Les Juifs, qui sentent que l'air, sur le Kurfürstendamm, sent le soufre et la haine,
Partent en toute hâte.
Ils arrivent en France,
Persuadés qu'on les accueillera comme des alliés.
Ils quittent tout,
En quelques heures,
Leur appartement,
Leur métier,
Leur famille,

Pour venir ici, à l'abri.
Et ils restent stupéfaits lorsqu'ils entendent pour la première fois ce nom dont on les désigne :
"Fritz."
Juif ou pas,
Opposant ou pas,
"Fritz", pareillement.
On ne fait plus de distinction.
L'époque n'est pas à la nuance.
Ils sont allemands et on n'aime pas trop ça dans les rues de Paris,
Alors
Indésirables,
Oui.
Juifs allemands est le nom du malheur
Et jusqu'au bout, le monde leur lance des pierres.

La Turquie se vide.
Le nouveau pouvoir ne veut plus des Grecs,
Ni la Grèce de ses Turcs.
Échange de population à grande échelle.
La Grande Catastrophe s'abat sur les familles d'Orient.
Un million et demi de Grecs quittent Istanbul ou les terres d'Anatolie,
Et découvrent avec crainte les rues d'Athènes.
Ils arrivent avec leur baluchon, leur peur et leur visage de déracinés.
On leur dit que c'est leur pays mais ils sentent bien que ce n'est pas si simple.
On raille leur accent.
On s'inquiète de leur trop grand nombre.
Alors les vieilles femmes ouvrent les valises,
Ferment les yeux

Et respirent profondément pour retrouver une dernière fois l'odeur de l'autre rive.
Elles se penchent, toutes les nuits, cœur ouvert, sur les pauvres notes de *rebetiko* qu'elles ont emportées avec elles,
Et c'est leur seul réconfort.

L'Espagne se vide.
Barcelone s'est battue mais va tomber.
Les hommes de la colonne Durruti,
Les assiégés catalans,
Poumistes, communistes, anarchistes, républicains,
Tous remontent vers les Pyrénées.
La *Retirada* passe les montagnes
Et s'échoue dans la tristesse d'un sable d'exil.
Les camps des plages se remplissent d'une foule épuisée, sale.
Ils sont sains et saufs mais eux aussi découvrent qu'ils ont un nouveau nom :
"Indésirables"
Et qu'il faudra apprendre à le porter.

L'Europe se met à errer.
La France accueille trois millions d'étrangers dans les années 1930.
"Accueille", le mot est impropre.
La France voit arriver trois millions d'étrangers,
Elle ne les accueille pas.
Écoutez Daladier :
"Il faut se débarrasser des Indésirables."
C'est net et sans fioriture.
Alors, on fait des camps de regroupement.

Des dizaines,
Petits et grands.
On veut contrôler ces foules,
Connaître leur nombre, leur déplacement.
On ouvre des "camps de concentration",
C'est ainsi qu'on les nomme,
À Rieucros, en Lozère,
Près de Mende.
Le camp de Rivesaltes et celui des Milles.
Partout en France,
Les barbelés vont pousser comme une herbe folle.

Il y a une Europe des apatrides.
De ceux qui fuient,
Partent dans la nuit,
Remettent leur vie entre les mains d'un passeur,
Et prient pour ne pas être vendus au bout du chemin.
Il y a une Europe des guenilles,
Des mères fatiguées
Qui savent que les pays sont parfois des pièges qui se referment avec brutalité.
Il y a une Europe des gouvernements en exil.
Londres devient la capitale des réfractaires.
Le gouvernement belge et celui de la Pologne,
Les rois norvégien, grec et yougoslave,
La reine de Hollande,
Les représentants de la France libre,
Ils ont tous traversé la Manche.
C'est l'heure des passeports contrefaits.
La frontière règne en maître
Et prend des millions de vies en otages.

Pour combien d'hommes et de femmes l'Europe
a-t-elle été une terre de souffrance ?
Les Irlandais de la grande famine,
Les Italiens du Mezzogiorno,
Le peuple yiddish qui fuyait tout…
Pour combien, l'Europe invivable ?
Certains trouvent leur chemin dans le chaos indescriptible.
Arthur Koestler, enfant juif de Budapest, dont les yeux ne se trompent pas sur ce qu'il voit.
Fred Uhlman qui parvient à se sauver
Parce qu'un ami lui a dit cette phrase – simple comme un appel urgent à tout quitter :
*"Il fait beau à Paris aujourd'hui**."
Brecht qui part au Danemark, Zweig au Brésil.
Certains trouvent leur chemin,
D'autres, face au monde en feu, ne peuvent se défaire d'une mélancolie qui les tue.
Walter Benjamin se suicide dans sa petite chambre d'hôtel de Portbou,
Après avoir réussi à traverser la France occupée.
Comme Zweig le fera avec sa femme, à Pétropolis.
Le monde est suffocant
Et être hors de portée de la haine ne suffit plus.
Qui sait si ce n'est pas encore ce mot qui s'est penché sur eux,
Au dernier instant,
Et qui leur a soufflé en grimaçant :
"Indésirables" ?
Qui sait si ce n'est pas face à lui
Qu'ils ont abdiqué ?

* Titre d'un roman autobiographique de Fred Uhlman.

Tout est prêt maintenant.
Arrestations en pleine nuit :
À vos ordres !
Appels au meurtre :
À vos ordres !
Foule immense qui marche au pas :
À vos ordres !
Le monde est fou,
Et ne dort pas.
Il n'y a plus de sommeil
Mais une joie féroce.
Faillites d'États :
À vos ordres !
Les nuits sont longues,
Les jours aussi,
Les semaines, les mois,
On ne voit pas le bout de ce long chemin de guerre
qui est devant nous,
À vos ordres,
À vos ordres !

VII

EN RUINE

La guerre revient.
Elle ne creusera plus la terre en tranchées,
Elle va prendre possession du ciel.
Chaque pays entreprend de tapisser de bombes le territoire ennemi.
Les villes ont l'air si petites vues d'en haut :
Des damiers de vies serrées en noir et blanc.
Le siècle se remplit du son des Stukas,
Qui tombent en piqué sur les routes et les destins.
Les villes vivent au rythme des alertes.
Le Reich avance,
Avale les terres,
Multiplie les prises de guerre,
Plante son drapeau sur la Grand-Place de Bruxelles et au Trocadéro.
Ceux qui résistent encore sont bombardés.
Il faut terrifier les populations et casser le moral de l'ennemi.
Puisque l'Angleterre est la seule à relever la tête, c'est sur elle que se concentre la fureur des bombes.
Chaque jour désormais,
Les avions viennent larguer le feu et la mort.
Chaque jour,
On livre bataille dans le ciel inquiet d'Angleterre.
L'East End brûle dans un enfer de crépitement et de hautes flammes.

Great Fire sur Londres,
Great Fire again,
Comme en 1666.
Tout brûle,
Et les hommes se terrent dans les tunnels du métro,
Dans les abris,
Les caves,
Ou sous leur table.
Une incroyable pluie de bombes tombe sur la ville.
Les jeunes pilotes de la Royal Air Force n'ont plus le temps de boire des verres au White Hart à Brasted,
Ils doivent se soumettre à la cadence du combat,
Décoller parfois six fois par jour,
Et mourir, souvent.
Chaque jour passe,
Chaque jour meurt,
Mais chaque jour, l'Angleterre tient.
Casser les nerfs d'une nation,
Affaiblir ses dirigeants par l'épuisement,
Voilà le but du Blitz.
Mais ils n'y parviennent pas.
Car il y a cette voix,
Déterminée et calme,
Qui continue à encourager le monde libre avec ténacité :
"We shall fight on the beaches,
We shall fight on the landing grounds,
We shall fight in the field and in the streets,
We shall fight in the hills
*We shall never surrender**."

* Discours de Winston Churchill du 4 juin 1940 à la Chambre des communes.

Chaque nuit,
Pendant neuf mois,
Les sirènes réveillent les familles,
Et les bombes éclairent les rues de lueurs d'incendie.
Chaque nuit,
Mais Londres tient.

Elles sont nombreuses, les villes d'Europe qui sont mortes par le ciel.
Varsovie,
Guernica,
Rotterdam,
Belgrade…
En quelques minutes,
Le temps d'un vol,
Les bombes tombent par grappes lourdes.
Au hasard, la vie, la mort,
Au hasard, anéanti ou rescapé.
À Stalingrad,
Un déluge inconcevable fait plus de quarante mille morts en deux heures.
Elles sont nombreuses, les villes à souffrir et mourir.
Athènes crève la bouche ouverte.
Megalos limos.
On meurt de faim à l'ombre du Parthénon et les rues sont maigres.
Et lorsque ce sera au tour de l'Allemagne de vaciller,
C'est encore par le ciel qu'on la châtiera.
Cologne,
Lors de la *Tausendbombernacht*,
Essen,
Berlin.

Le général Arthur Travers Harris, dit "Bomber Harris", a convaincu Churchill qu'il pourra raser la capitale allemande :
Les Anglais bombardent de nuit, les Américains de jour.
Lübeck, Rostock et Dresde sont anéantis,
Les villes sont des amas de gravats,
De grandes carcasses effondrées,
Des cathédrales en lambeaux,
Vestiges de vies, d'appartements, d'avenues,
Tout est à terre,
Genoux à terre.

L'Allemagne nazie avait un rêve d'Europe :
Celui d'un continent soumis.
De Varsovie à Oslo,
D'Amsterdam à Vienne :
Le pillage.
Mais l'oppression a fait naître l'esprit de résistance.
Écoutez Camus parler à ses ennemis.
Il le fait, au cœur des années noires, depuis les heures clandestines du combat :
"Notre Europe est une aventure commune que nous continuerons de faire, malgré vous, dans le vent de l'intelligence."*
Nous avons des héros qui ont dessiné le rêve d'une Europe plurielle
Que Camus baptise d'un nom d'évidence :
"Ma plus grande patrie."
C'est pour elle qu'ils se sont battus.
Ils ont plongé les mains dans le feu

* *Lettres à un ami allemand* d'Albert Camus.

Et malgré leurs vingt ans,
Ils avaient la gravité de ceux qui disent adieu.
Dans un monde de la compromission,
Ils ont fait de leur vie des boussoles.
Nos pays se sont tordus de l'intérieur.
Des vieillards – autrefois glorieux – se sont faits valets du crime.
Des mains complaisantes ont signé des actes de soumission.
Il nous fallait des voix de jeunesse pour relever la tête.
Nous avons des héros en partage :
Ceux qui ont choisi la révolte,
Colleurs d'affiches,
Petits messagers,
Passeurs d'armes,
Dénicheurs de planques.
Nous avons des héros en partage :
La cellule Manoukian qui parlait tous les accents mais saignait en français.
Les Kompléty qui improvisaient des écoles dans les appartements, pour que le peuple polonais continue à s'éduquer.
La compagnie Linge en Norvège
Joachim Rønneberg qui sabota le programme nucléaire de l'Allemagne nazie.
La brigade Garibaldi d'Irma Bandiera
Dont il ne restera qu'un seul survivant.
La "ligne Comète" d'Andrée De Jongh qui avait la résistance en héritage,
Les deux sœurs Oversteegen, Freddie et Truus, et leur amie Hannie Schaft aux cheveux rouges exécutée sur les dunes de Bloemendaal.
Des jeunes gens apprennent à manier la dynamite,

À tendre des embuscades,
À vider un chargeur dans un restaurant,
Et à mourir.
Des jeunes gens apprennent la douleur des choix impossibles,
Le vertige des représailles.
Rosario Bentivegna a-t-il pleuré d'avoir appuyé sur le détonateur de la via Rasella ?
D'avoir tué trente-trois SS
Mais déclenché en représailles le massacre des fosses Ardéatines où trois cent trente-cinq civils ont été massacrés ?
L'héroïsme est douloureux,
Esquinte les esprits
Et a le visage laid des choix qui sont toujours ensanglantés.
Nous avons des héros en partage
Qui ont plongé dans le chaos
Pour enfanter notre plus grande patrie.
Ils se sont opposés de toute leur vitalité
Aux vociférateurs en bras de chemise,
Aux marcheurs en cadence,
Aux petits notables de la collaboration,
Et aux tortures en sous-sol.
Nous avons des héros en partage
Qui nous ont légué un continent plus vaste que nos pays
Une terre que nous devons habiter,
Pour eux,
"Dans le vent de l'intelligence."

VIII

WIR, ASCHE

Nous savons ce que c'est que de disparaître,
Nous l'avons vécu si souvent :
La menace barbare,
Les Empires qui chutent.
Nous savons ce que c'est que d'avoir régné en maître,
Et de s'évanouir ensuite dans l'immensité du temps.
Chacun de nos pays a connu la lumière et la ruine.
Mais il y a autre chose,
De plus sombre :
Ce que l'homme peut faire à l'homme.
Tueur méthodique,
Inventeur de la mort à cadence d'usine.
Nous savons.
Ici, sur cette terre d'Europe,
L'optimisme a été tué
Et cela fait de nous
Des héritiers de l'angoisse.

Quand est-ce que cela commence ?
L'horreur s'installe par glissements successifs.
Il y a d'abord les discours,
Électrisés par la jouissance de pouvoir dire si haut sa haine,

Qui brandissent la race comme seule réponse,
Se gargarisent de ce mot,
“Race”
Pour établir des hiérarchies.
De là, on fait naître l’idée d’une perfection,
Et son corollaire : l’existence d’une catégorie inférieure.
Alors, d’un coup, il y a les Aryens et les autres,
Les êtres supérieurs et les autres.
Et déjà certaines vies comptent moins que d’autres.

Quand est-ce que cela commence ?
Lorsque les mots deviennent plus durs ?
Lorsqu’on commence à parler de “gangrène”,
De “vermine”,
De “parasites”
Et de “nettoyage” ?
Avec l’eugénisme ?
Les stérilisations forcées ?
La race doit être pure
Et la main déjà s’entraîne à tuer.

Quand est-ce que cela commence ?
Avec les grandes foules réunies qui acceptent de ne plus penser,
Qui se laissent prendre par la ferveur,
Par le plaisir de scander un nom à l’unisson
Et de marcher au pas,
Toujours le même,
Celui de l’aliénation.

Quand est-ce que cela commence ?
Avec la *Reichskristallnacht* ?
Cette nuit où la haine est lâchée comme un chien que l'on a excité pendant des heures.
Les vitrines tombent,
Les synagogues brûlent.
Il faut accélérer l'émigration des Juifs allemands,
Ou leur déportation.
On les traîne dans la rue,
On met le feu à leur barbe,
On les oblige à s'agenouiller
Avant de les rouer de coups.
Ce sont des heures où les moqueries criminelles sont applaudies,
Où les appels au meurtre et le recours au feu sont applaudis.
C'est peut-être cela qui est testé dans la *Pogromnacht* :
Le régime nazi veut voir si l'Allemagne est prête,
Et elle l'est.

Quand est-ce que cela commence ?
Avec les Juifs que l'on déplace pour les regrouper dans des ghettos.
À Vilnius, à Varsovie, Minsk, Lublin, Łódź, Cracovie,
On les rassemble d'abord,
Puis on les enferme.
Et un jour le ghetto de Varsovie devient une prison
Et les hommes, femmes et enfants qui sont à l'intérieur vont commencer à mourir.
De l'autre côté du mur, les gens font leurs courses.

De l'autre côté du mur, on porte des manteaux et on mange du poulet.

Cela a commencé.
Des Juifs sont assassinés sur les routes.
Génocide par balles,
D'abord.
Des fosses, dans toute l'Europe de l'Est,
Creusées par ceux-là mêmes qu'on va assassiner.
C'est l'aboutissement de décennies de pogroms
Pendant lesquelles on a toujours montré du doigt le même ennemi,
En Russie, en Pologne, en Ukraine,
Toujours le même :
"Le Juif",
À qui l'on peut tout faire puisqu'il est moins que rien.

Tas immenses de chaussures laissées par les déportés,
Bruit des portes des wagons que les soldats ouvrent à l'arrivée au camp,
Tas de cheveux coupés,
Tas d'habits,
De valises,
De chaussures,
De dents en or,
Tas de petits objets, écuelles, gobelets en étain,
Tas laissés derrière soi,
À l'instant d'entrer dans la mort.
Tas
C'est bien de cela qu'il est question.

Tas de corps,
Que l'on soulèvera à la pelle,
Tas
Six millions d'hommes, de femmes et d'enfants
Devenus
Tas
C'est bien cela,
Que l'on ne peut ni
Dire
Ni penser.
Tas
Il ne reste
Rien
Sie haben uns
Tas
Zu Haufen
Gemacht.
Et l'on s'arrête devant l'abîme,
Conscient de ne pouvoir que se taire.

Ce que l'homme peut faire à l'homme.
Les vertiges infinis face à l'obéissance,
À la pulsion de mort.
Siècle de cendres,
Siècle étouffé par une odeur inouïe
Qui n'aurait jamais dû exister,
Une odeur qui brûle la terre
Et fait pleurer les sapins.
L'homme a gazé l'homme à grandes pelletées.
Cendres.
Il ne reste plus que cela.
Cendres
En montagnes immenses,

Comment peut-on y croire seulement ?
Que cela fut ?
Cendres de
Vies
Dispersées,
Puis
Tas
De cendres
Tas,
Von jetzt an
Nichts.

De toute l'Europe sont venus des trains
Pour décharger sur les quais d'Auschwitz, Sobibór, Chełmno, Treblinka, Belsen…
Des vies,
Des histoires,
Des enfants.
Vous vous souvenez du chemin de fer ?
De la grande fierté du XIXe siècle ?
Vous vous souvenez de *The Rocket*, entre Manchester et Liverpool ?
Les rails qui apparaissent partout,
Signe de progrès,
De modernité ?
Les rails, d'un coup,
Deviennent l'image stricte de la mort.
Le train,
Qui fut le fleuron de l'Europe,
Devient l'emblème de sa destruction.
Nous savons qu'il y eut un réseau de rails en Europe, qui a aspiré à lui des peuples pour les gazer.
Il ne restera rien

Du tout
Rien,
Überhaupt
Nichts.

L'homme est vaincu.
Trou noir,
Qui nous aspire tous.
"Cendres" est le mot de l'anti-siècle
Et pas les cendres de la Bible,
Pas celles du cycle de la création,
De l'humilité existentielle,
Non, les cendres de la haine.
"Cendres" est le mot qui s'oppose à tout ce en quoi
le XIXe siècle a cru :
Le progrès,
La cadence vertueuse de la machine,
L'humanisme.
Cendres
Et plus rien ne peut être dit,
À cet endroit,
Plus rien
Tas de mots
Impossibles,
Nichts
Mehr.

Alors que dire ?
Longtemps
Rien.
Que dire
Longtemps

Penser à ça
Rien
Toute la place que cela doit prendre
Rien
Si vaste
Si terrifiant
Et le silence
Rien
Qui seul est à la taille peut-être
De ce que l'on voudrait nommer.
Rien
La mémoire
Seulement.
Il n'y a que cela :
Garder
La mémoire.

IX

GRAND RETOUR

"L'avez-vous vu ?... Je vous en prie : prenez le temps de regarder la photo... Est-ce que son visage vous dit quelque chose ?... Vous êtes sûr ?..."

Grand retour maintenant,
Les survivants des camps de concentration,
Foule décharnée, sidérant tous ceux qui les voient passer,
Les prisonniers militaires,
Toutes ces populations déplacées,
Ceux qui avaient fui,
Les enfants juifs cachés,
Les familles divisées,
Imaginez,
À l'échelle de tout un continent,
Grand retour.
Les frontières ont bougé.
On veut rentrer chez soi
Mais chez soi a changé de pays.
Ça en fait, des apatrides.

"L'avez-vous vu ? S'il vous plaît, regardez..."
La même question, posée dans les gares, les hôpitaux, les préaux,
Partout,
Avec la même attente,
Toujours déçue,
Toujours fébrile.
L'avez-vous vu ?...

Le retour,
Cela prend du temps.
On ne pousse pas la porte de chez soi dès le lendemain de l'armistice.
Regardez Primo Levi,
Squelette vivant
Qui entame le long chemin de retour d'Auschwitz à Turin,
En passant par l'Ukraine, la Biélorussie, la Moldavie, la Roumaine, la Hongrie, l'Autriche...
Huit longs mois de retour
Dans une Europe en ruine,
Où les ponts ont été détruits,
Et les lignes de chemin de fer sabotées.
Comment est-ce qu'on revient ?
Par quelles routes ?
Avec quel argent ?
Regardez-les, tous ceux qui se pressent au Grand hôtel Lutetia à Paris,
Pour avoir des nouvelles.

"L'avez-vous vu ? C'est mon fils, mon frère... Est-ce qu'il vous dit quelque chose ? Il habitait ici… Je n'ai plus de nouvelles. Je vous en prie… Non ?… Rien ?… Vraiment ?…"

Chaque jour,
Des déportés reviennent.
Les familles apportent des photos d'avant-guerre,
Pour les brandir sous le nez des survivants et leur demander :
"L'avez-vous vu ?… Je vous en prie… C'est mon frère, mon mari, mon amant…"
Ils ne se rendent pas compte.
Que le visage sur la photo ne peut pas dire quoi que ce soit à quiconque
Parce que l'homme qui est dessus porte gilet, chapeau,
Belle mine,
Et fine moustache.
Les femmes dessus ont des cheveux
Longs,
Peignés,
Nattés,
Et portent des chemisiers,
Tandis qu'eux, pendant tout le temps qu'ils ont survécu à l'appétit crématoire,
Eux, n'étaient entourés que d'un peuple de têtes rasées.
"L'avez-vous vu ?"
Chaque jour,
La question impossible,
Chaque jour
La question à nouveau posée.

Et sur toutes les routes d'Europe
Des corps épuisés
Respirent bas,
Espèrent tenir.
Jorge Semprun revient,
Elie Wiesel aussi.
Simone Veil et Marceline Loridan-Ivens reviennent,
Robert Antelme,
Charlotte Delbo,
Stéphane Hessel reviennent,
Tous ces jeunes gens qui ont survécu
Reviennent
Sans leur famille.
Ils vont devoir reprendre la vie
Sans témoin,
Sans les yeux bienveillants de ceux qu'ils aimaient.
Certains ne tiennent pas,
Meurent là,
Dans les trains du retour,
Sur des routes de nulle part.
Trop long,
Trop dur,
Trop épuisés.
Ils meurent libres mais le sentent-ils ?
En éprouvent-ils de la joie ?
"L'avez-vous vu ?… C'est ma femme… ma sœur… ma mère…"
Tant de fois, on ne répond pas.
Tant de fois, correspondant à tant de morts.

L'Europe est un embouteillage d'ombres perdues.
Croix-Rouge,
Secours populaire,

Secrétariat aux Réfugiés,
Aux rescapés.
C'est là qu'ils travaillent,
De Gasperi,
Schumann,
Les futurs pères de la construction européenne.
Ils l'ont vue, cette Europe des routes, des baluchons et des corps maigres.
Il y en a tant, des destins perdus...
Des foules entières n'ont plus de nationalité.
Il faut un passeport pour les réfugiés,
On lui donnera le nom de "Nansen".
Des papiers pour que chacun puisse poser son poids de souffrance.
Revenir chez soi,
Respirer lentement,
Calmement,
Et se dire,
Dans le silence d'une chambre de bonne,
Se dire,
À soi-même,
Qu'on a survécu,
Juste cela,
Survécu,
Se le dire
Pour en être convaincu.

Qui sont nos pères ?
C'est la question que ne cessera de se poser ce siècle.
Il faut imaginer cela,
Dans les villages de toute l'Europe,
Les pères rentrent chez eux,
Après avoir été prisonniers,

Déportés,
Ou soldats,
Après avoir été se battre dans des terres lointaines
Ou être restés cachés.
Ils frappent à la porte,
Tapent leurs chaussures contre le mur pour ne pas souiller la maison des salissures de la guerre,
Et des enfants sont là.
“C’est ton père”, leur dit-on.
“Tu n’es pas content de voir papa ?…”
Grands yeux écarquillés
Qui regardent
Sans trop oser.
Ils ont trois ans ou quatre, ou cinq,
Ont été élevés par une mère qui se croyait veuve,
Et n’en revient pas de retrouver un mari.
Elle l’enlace, pleure, le couvre de baisers,
Mais les enfants, eux, ne savent que faire…
“C’est ton père.”
Faut-il tendre la main,
Ou se jeter dans ses bras ?
Qui est cet homme vieilli,
Usé,
Qui a des ombres dans les yeux ?
Qui sont nos pères ?
Les jeunes Allemands se poseront la question pendant vingt ans, trente ans…
De bons pères de famille,
Joyeux,
Aimants,
Ont fait, sur des photos, des gestes de victoire en portant l’uniforme SS.
Un pays entier de jeunes gens ne peut plus être sûr de sa lignée.

L'héritage, soudain, est un sable mouvant.
À tout moment,
En ouvrant le tiroir d'un secrétaire,
Au gré d'une conversation,
On peut découvrir que ceux qui nous ont éduqués et aimés
Sont sales de meurtres et de compromissions.
Le présent est piégé
Pour des décennies.
Une génération entière va grandir avec cette question,
Détestable lorsqu'on ne peut y répondre :
Qui sont nos pères
Et de quoi sommes-nous nés ?

X

BLOCS

L'Europe, lentement, sent qu'elle va parvenir à se débarrasser du joug nazi.
En Grèce, en Yougoslavie, en Pologne,
Tout le monde espère la libération, la sent, la voit, l'appelle.
Les villes s'apprêtent à relever la tête :
Paris se soulève,
Varsovie aussi.
Les peuples crient, poussent, désirent la victoire,
Mais les Alliés d'hier déjà se regardent avec férocité.
Ce qui se joue,
Ce n'est plus de battre les Allemands,
C'est de les battre le plus vite possible.
Avancer devient le nouvel ordre.
Plus vite,
Plus loin.
Occuper le terrain,
Pousser son avantage.
L'époque, sûrement, a cru que le grand défi de sa génération serait de compter les morts, nourrir les vivants et redresser le pays,
Mais elle se trompe.

L'Histoire n'attend jamais que l'on soit prêt.
Elle est déjà passée à autre chose.

Donne-moi un mois de ta vie,
Puis un autre,
Et encore un troisième.
Donne-moi un an de ta vie
Pour que je repousse tes rêves et étouffe tes envies.

Oh oui, tout va vite.
C'est à notre tour d'être découpés, morcelés, occupés.
Vous vous souvenez de la conférence de Berlin ?
À toi,
À moi.
Vous vous souvenez ?
"*Toute puissance peut étendre sa domination vers l'intérieur jusqu'à rencontrer une sphère d'influence voisine.*"
Les temps ont changé mais c'est la même prédation.
On a troqué le casque colonial pour les orgues de Staline,
On ne remonte plus les fleuves dans des chaleurs humides,
On pousse à fond les chars sur des routes de campagne.
Il faut faire vite,
Pour aller toujours plus loin.
Prendre tant qu'on peut.
Ce qui n'est pas à toi peut encore être à moi.
Alors, Churchill rencontre Staline

Et sur un petit bout de papier, ils contresignent le *naughty document*
Qui décide des zones d'influence :
La Pologne tombe dans l'escarcelle de l'URSS
Roumanie 90 % à toi et 10 % à moi.
Hongrie 50/50
La zone d'influence, vous vous souvenez ?
La Tchécoslovaquie, à toi.
La Yougoslavie, à toi, pourvu que tu me laisses la Grèce.
Les frontières bougent à nouveau
Et ce n'est jamais bon.
"Au fur et à mesure que nous nous éloignons de la guerre, deux camps s'affirment", dit Jdanov,
Ce qui veut aussi bien dire :
Au fur et à mesure que nous nous éloignons de la guerre, nous en préparons une nouvelle.
Les mangeurs de feu sentent bien qu'ils n'auront plus leur ration d'obus, de tranchées et de mitraille,
Mais ils sourient malgré tout,
Car ils savent qu'il est possible de se dévorer autrement.

Finis les champs de bataille,
Les bombardements,
Les zones prises, reprises.
Finis les mouvements de troupe,
Les assauts.
Finie la guerre chaude à gros bouillons de chair.
À nous, les tensions,
L'escalade, les provocations.
À nous, les barbelés et la surveillance,
L'élimination des opposants,

La peur.
À nous, les soulèvements réprimés,
La jeunesse bâillonnée.
À nous, les cartes d'état-major figées dans l'hostilité.

Combien de temps dure une guerre ?
Est-ce que la Seconde Guerre mondiale s'est bien terminée en 1945 ?
Demandez aux Grecs
Pour qui la guerre civile va commencer.
Demandez aux Polonais
Pour qui tout continue…
Chape de plomb,
Rideau de fer et vies de silence.

Je m'appelle Władysław Bartoszewski et je me demande ce que la vie veut de moi. Pour l'instant, je n'ai que vingt-deux ans. Cela vous paraît jeune ? Non, je ne suis plus jeune. À vingt-deux ans, j'ai déjà été déporté à Auschwitz-Birkenau et sauvé grâce à la Croix-Rouge. Je suis fait de la matière dont on fait les clous. À vingt-deux ans, je suis un rescapé et je reprends les armes lors de l'insurrection de Varsovie. Paris, là-bas, à l'ouest, s'est soulevé. La victoire est toute proche mais Varsovie n'y arrivera pas. Les Allemands reprennent le dessus parce que les Russes n'ont pas bougé. Après le massacre de Katyn, après le pacte germano-soviétique, ils nous ont fait ça : ils ont laissé les Allemands nous mater, à deux doigts de la victoire. Et nous avons baissé la tête, à nouveau. C'est ce qu'ils voulaient.

Ils savaient qu'ils récupéreraient la Pologne et ils ne voulaient pas d'une Pologne de héros. Ils voulaient des âmes détruites. Déjà, la vie me paraît longue. Déjà, je ne suis plus jeune du tout mais ce n'est pas fini. Je m'appelle Władysław Bartoszewski et je ne suis pas communiste. Alors, la prison à nouveau et la peur à nouveau. Pour nous, il n'y a jamais eu de victoire. Jamais. La guerre a duré de 1939 à 1989. Cinquante ans. C'est la durée de toute une vie, ça. De toute ma vie.

C'est le temps des frontières infranchissables,
Et des barrières qui ne se lèvent plus.
Des familles vont être coupées, amputées, séparées.
Et ce sera long.

Donne-moi deux ans de ta vie pour que tu te mettes à douter.
Donne-moi cinq ans pour que tes enfants naissent sous mon règne,
Donne-m'en plus encore
Pour finir par te désespérer.

Et pourtant, à plusieurs reprises, des hommes apparaissent
Qui ont le visage du changement.
Quelque chose naît en Pologne qui ressemble à un élan.
Gomułka parle neuf et la jeunesse respire.
C'est contagieux, la respiration de la jeunesse,

Alors la Hongrie ouvre grands les yeux, à son tour.
Sur la place de Budapest où trône une statue de Sändor Petöfi,
Les étudiants se réunissent.
Tout s'emballe et Imre Nagy devient le nom de l'espoir.
Mais c'est trop tôt.
L'Histoire n'en veut pas, de la liberté hongroise.
L'Histoire ne veut pas d'Imre Nagy.
Une corde l'attend dans une prison de Budapest
À laquelle on le pendra comme on pend toutes les libertés dans le royaume de fer.

Donne-moi deux ans de ta vie.
Trois ans, et tes enfants.
Donne-moi encore un an, deux, quatre
Et cela fera dix…
Donne-m'en encore dix et cela fera vingt
Qui peut croire que cela va cesser ?

Il est trop tôt.
La guerre froide ne fait que commencer.
Trois cent mille Hongrois fuient la répression.
En Pologne, Gomułka trahit son peuple et laisse le plomb retomber.
Pas de liberté,
Non,
L'Histoire a d'autres projets :
Elle attend avec impatience la nuit du 12 août 1961.

Donne-moi cinq ans de ta vie et tes parents meurent de vieillesse,
Tes enfants deviennent étudiants.
Donne-moi deux ans et tu n'auras plus aucune force.
Donne, les unes après les autres,
Toutes tes années,
Je ne me lasse pas de les avaler.

À Berlin,
Elle arrive,
Cette nuit,
Et va sidérer le monde entier.
Près de quinze mille hommes des forces armées de la Deutsche Demokratische Republik bloquent les rues
Et commencent à poser des grilles et des barbelés.
Le mur apparaît,
Coupe la ville en deux d'une ligne de béton.
On ne passe plus.
On ne se verra plus.
On vivra désormais si près, si loin.
Deux rythmes de l'Histoire à vous donner le vertige.

Donne-moi deux années de ta vie et cela fait tant
Que j'ai perdu le compte
Et toi aussi.
Donne-moi ta vie entière
Et toutes celles que tu rêvais de mener.

Quand est-ce qu'une guerre se termine ?
L'Europe, pour longtemps, va devoir apprendre à n'être qu'un demi-corps.

Et Bartoszewski continue à parler.
Les yeux vides,
En crachant sur l'Histoire qui lui a tout volé.

Toute ma vie. Depuis ce premier jour de bombardement, le 1er septembre 1939, lorsque les Allemands ont attaqué Varsovie et que je me suis réveillé en pleine nuit, jusqu'à 1989, toute ma vie, volée par la guerre…

Dorénavant, c'est l'heure des dissidents déportés,
Des dénonciations à voix basse.
Il faudra apprendre à survivre à l'œil de la Stasi
À ses oreilles,
À ses mains.

Donne-moi encore deux ans,
Cinq ans,
Donne-moi tout maintenant.

Il faudra encore et encore
Mettre sa vie en danger,
Risquer,
Batailler,
Encore et encore,
Pour qu'après cinquante ans,
Enfin,
La liberté soit rendue.
Mais les jeunes combattants seront devenus des vieillards.

Ils ne danseront pas,
Ils ne s'embrasseront pas.
Au moment de la victoire,
Ils ne pourront que pleurer.

XI

UN TRAITÉ POUR NAISSANCE

"Plus jamais ça."
Tant de générations ont prononcé ces mots.
Tant de générations y ont cru,
Sans que cela, jamais, n'empêche le désir de vengeance, l'escalade, le retour du pire.
Jusqu'au jour où un petit groupe d'hommes inventent une nouvelle façon de les dire, ces mots.
Il ne faut plus châtier l'ennemi, il faut s'allier avec lui.
Et puisque la guerre s'est nourrie d'acier et de charbon,
C'est par là qu'on commencera.
Les pères fondateurs – qui n'ont pas encore ce nom –
Sillonnent le continent et essaient de convaincre.
Plus jamais ça.
Il ne faut pas prendre le dessus sur l'Allemagne,
Il faut unir son destin au nôtre.
On n'a jamais réfléchi ainsi.
Qui sont-ils, ces hommes qui veulent s'unir ?
Monnet,
Adenauer,
Schuman,

De Gasperi,
Beyen,
Spaak,
Bech,
La bonne moitié d'entre eux n'ont jamais été élus.
Ni tribuns ni hommes politiques
Mais hauts fonctionnaires,
Hommes de bureaux,
De commissions,
Habitués aux discussions internationales.
Ils sont tous nés à la fin du XIXe siècle,
Ont tous connu les deux grandes saignées successives.
Certains ont fait de la prison,
Beaucoup se sont exilés à Londres avec leur gouvernement.
Ils ont connu parfois l'épreuve de la fuite et des routes :
Ce sont des hommes frontières.
Ils savent ce que c'est, dans leur chair, que d'être de plusieurs pays.
À l'époque où il est né, De Gasperi était citoyen de l'Empire austro-hongrois,
Schuman était allemand.
Les frontières se sont déplacées sous leurs pieds
Et De Gasperi est devenu italien,
Schuman français.
Alors l'Europe, oui,
Pour plus grande patrie.
*"Un jour viendra où vous toutes, nations du continent, sans perdre vos qualités distinctes et votre glorieuse individualité, vous vous fondrez étroitement dans une unité supérieure et vous constituerez la fraternité européenne**. "

* Discours de Victor Hugo au congrès de la Paix, à Paris en 1849.

Victor Hugo pose des mots sur des rêves lointains :
"Les États-Unis d'Europe."
La *"nation de nations**"* européennes,
La réunion de pays blessés qui s'embrassent pour ne pas continuer à se mordre.

Après le fascisme de Mussolini,
Le national-socialisme d'Hitler,
Après les régimes scandaleux de Pétain à Vichy,
De Vidkun Quisling en Norvège,
D'Anton Mussert en Hollande,
De Frits Clausen au Danemark,
De Georgios Tsolakoglou en Grèce,
De Milan Nedić en Serbie,
D'Ante Pavelić, chez les Oustachis de Croatie,
Après tous ceux-là,
Crachez sur leur nom tous à la fois,
C'est le même nom,
Celui de la servitude et de la compromission,
Celui de la haine et des lois anti-juifs.
Après tous ceux-là,
Qui seront jugés,
Se suicideront,
Ou finiront en exil,
L'Europe a besoin de se définir comme un espace politique social-démocrate,
Une zone de la délibération et du compromis.
Les pères fondateurs sont quasiment tous catholiques,
C'est une Europe chrétienne,

* Expression utilisée par Walt Whitman dans "By Blue Ontario's Shore" pour définir les États-Unis.

Du centre raisonnable,
De la nuance politique,
De la concertation.
Une Europe de notables,
Et c'est peut-être là sa faute originelle : l'absence de passion populaire.
Mais après la fureur de la guerre,
Après les grandes foules fascinées par un seul homme aux mains tendues,
Il fallait cela :
Le calme de la discussion partagée.
Comme elle est étrange, cette Europe.
Ce n'est pas ainsi que l'Histoire fait naître les pays ou les empires d'ordinaire…
Il y a toujours une révolution,
Un embrasement,
Une volonté populaire qui renverse tout.
Là, non.
L'Europe est née sans que les peuples la scandent dans les rues
Et c'est nouveau.
L'Europe s'est construite sans l'engouement des peuples,
Par prudence,
Parce que l'engouement des peuples avait mené au crime.
Parce que la passion en politique avait mené aux grands discours qui fanatisent les foules.
L'Europe s'est construite sans faire appel au suffrage direct parce qu'elle sortait d'un chaos où les peuples avaient eu tort.

La Communauté européenne du charbon et de l'acier est née.
Puis, le traité de Rome a été signé.
Regardez les photographies qu'il en reste :
C'est une longue table,
Avec plus d'une cinquantaine de personnes autour,
Disposées en plusieurs rangs.
Nous nous habituerons à cela :
D'immenses assemblées,
Avec des cohortes de traducteurs, de paraphes et de serrements de mains.
Ce sera notre visage désormais :
Les longues journées de concertation,
Les signatures infinies de traités,
Sans passion,
Sans emportement.
La nuance
Et le compromis.
L'Europe est née en réaction à ce qu'avaient produit le dogme et la vitesse.
Alors oui,
En 1957,
Une photographie immortalise une grande tablée où tant d'hommes que nous ne connaissons pas signent des documents.
On dirait un immense conseil d'administration
Ou une réunion d'affaires.
C'est ainsi que nous sommes nés,
Parce que les soulèvements idéologiques,
Le prétendu lien charnel entre un dirigeant et son peuple,
Avaient mené au suicide.

XII

JEUNESSE SEINS NUS

Dépêchez-vous !
Venez ! Venez ! Il faut être nombreux !
Quelque chose va changer, est en train de changer !
Vous ne sentez pas ?
La jeunesse murmure, s'impatiente, puis se met à crier :
Dépêchez-vous,
Venez, venez !
Leur nombre croît,
Ils connaissent l'ivresse d'être foule
Et prennent possession des rues :
Venez !
Dépêchez-vous !
Tout va changer !
Ils chantent,
Rient,
Font du bruit.
Écoutez-les,
Quelque chose bruisse, gronde, grossit,
Semble se fissurer et craque.
Certains ont entendu parler Dubček, le matin même,
Et le racontent aux autres.
Le dirigeant a évoqué *"un socialisme à visage humain"*

Et le vertige a saisi la foule :
C'est bien avouer que tout ce qui précédait n'avait pas visage humain.
Alors, ils y croient,
Se retrouvent,
Battent le pavé ensemble,
Et laissent libre cours à leur joie.

Malheur à ceux qui vont trop vite.
L'Histoire n'aime pas qu'on la bouscule,
Qu'on essaie de lui presser le pas.
C'est une vieille dame sèche qui donne des coups de canne à ceux qui la brusquent.
C'est une ogresse,
Obèse,
Qui aime que la jeunesse la serve
Et pas le contraire.
Malheur à ceux qui se trompent.
Il y a des printemps qui finissent en incendie.
Le socialisme a des mains,
Des pieds,
Un corps tout entier qui écrase les vies.
Des yeux et des oreilles
Qui épient,
Surveillent,
Traquent.
La Tchécoslovaquie croit annoncer un Printemps,
Malheur à ceux qui se trompent et ne voient pas l'hiver.

Il est trop tôt.
La vieille ogresse n'a pas envie de presser l'allure.

Elle rechigne,
Flaire le sang possible
Et cela lui plaît.
C'est la réaction qui va gagner, pas la jeunesse.
La "normalisation" est en route
Et elle fait un bruit de char sur le pavé des rues.
Retour à l'étape d'avant,
Celle où le socialisme n'avait pas visage humain.
C'est la doctrine Brejnev :
"L'affaiblissement d'un maillon quelconque du système socialiste mondial affecte directement tous les pays socialistes."
Pas un ne doit manquer à l'appel.
Pas un ne pourra se dérober ou s'affranchir.
Un seul qui change, et c'est le renversement de tous.
Courez, jeunesse,
Dépêchez-vous,
Allez, plus vite !
Courez pour échapper à la mitraille !
Les chars envahissent Prague
Et le Printemps n'aura pas lieu.
La place Venceslas regarde la Tchécoslovaquie qui va souffrir,
Regarde la jeunesse qui va se taire,
Regarde Dubček qui va vivre une longue vie de harcèlement policier et de surveillance.
Elle avait été un symbole en 1848, cette place,
Elle attend dorénavant
Que Jan Palach vienne mourir sur ses pavés.

J'arrive. Des années plus tard. Je me présente sur la place. Je suis pâle. Si quelqu'un me regardait, il s'en apercevrait mais à cet instant, personne ne me regarde. Je suis Jan Palach et je vais mourir. Il faut que je me concentre. Je sens que je suis livide mais cela n'a pas d'importance. Personne ne me voit. Personne ne me remarque parce que je suis jeune et on ne peut imaginer qu'un homme si jeune soit sur le point de brûler comme une torche. Je fais un tour de la place, protégé par ma jeunesse. Je ne regarde pas ceux que je croise. Je ne veux pas risquer de flancher. Je suis Jan Palach et, dans quelques instants, je brûlerai pour réveiller un pays, pour attirer l'attention du monde entier. Je vais brûler pour secouer les vieux tyrans et qu'ils ne connaissent pas de répit, pour que les autres jeunes gens aient un nom à prononcer dans leurs nuits de révolte. Car il y aura d'autres nuits de révolte. Elle se nourrit de cela la colère : de nos corps de jeunes gens. Alors je donne le mien. C'est cela que je fais. Je suis Jan Palach. Je n'ai plus rien à donner d'autre à mon pays que ma mort. Et tous ceux qui passent à côté de moi, bientôt, me connaîtront, tous ceux qui n'ont jamais entendu parler de moi me connaîtront. J'aurais pour nom le feu. J'aurais pour nom la colère. Je suis livide mais je le fais. Je ne pense plus à rien. Je le fais, je dis adieu à la vie, adieu à la douleur puisque je meurs.

La place Venceslas voit le corps prendre feu,
S'embraser devant des passants sidérés,
Puis, devenir résidu carbonisé.
La place Venceslas voit le corps que l'on évacue,
Les autorités qui disposent des policiers à tous les carrefours,

Craignant des soulèvements spontanés ou d'autres
immolations,
Puis le "retour au calme",
Ce qui veut dire le peuple bâillonné, à nouveau,
Le retour à l'ennui,
À la peur.
"Soumission" devient le nom de chaque journée.
Il faudra attendre vingt ans pour que revienne le
Printemps,
Vingt ans pour que la vieille dame daigne accepter
le changement.
La place Venceslas attend,
Elle sait qu'elle verra un jour Václav Havel
Saluer la foule,
Avec, à ses côtés, le vieux Dubček
Sorti de son étroit placard de vie.
Oh mais comme c'est long, vingt ans,
Comme c'est long d'attendre l'Histoire.
Les hommes vieillissent,
Et les vies passent.

Si près
Si loin.
Prague et Paris.
La même année,
Avec les mêmes mots prononcés :
Venez,
Dépêchez-vous,
Il faut que nous soyons nombreux !
Prague et Paris,
La même jeunesse
Mais d'un côté, l'écrasement, de l'autre, la joie.
D'un côté, le rétablissement de l'autorité,

De l'autre, le jaillissement du désordre.
La même année, le Quartier latin devient un amphithéâtre bruyant
Où l'on renverse les tables, les chaises
Et où les pavés sont plus légers que les slogans.
L'Europe découvre une jeunesse
Qui n'a pas envie d'être respectueuse,
Qui n'a pas envie d'attendre son tour pour parler,
Qui n'a pas envie de prendre sa place dans le monde de papa,
Qui veut tout bousculer,
Même les héros.
Des barricades, à nouveau, sont érigées dans les rues de la capitale.
Paris est à nouveau inventif,
Paris, à nouveau surprenant
Et séduisant.

Merde aux vieilles règles et aux bonnes manières !
Merde au père de famille qui lit son journal au dîner,
Aux injonctions,
À toutes les injonctions :
"Tiens-toi droite",
"Une jeune fille de bonne famille ne dit pas ce genre de choses" !
Merde à l'ordre établi, imposé !
Merde à la route toute tracée : épouse, mère de famille et femme trompée !
Merde à l'ennui d'une vie dans l'ombre !
Merde à l'obéissance et aux soutiens-gorges !
Injonction d'être sage, d'être polie et aimante.
Merde à l'étouffement bourgeois de tant de vies !

Nous voulons un corps
Pour jouir,
Pour pleurer,
Ou se caresser.
Un corps
Pour être en vie,
Jusqu'au bout,
Avec un large sourire
Et un regard d'ivresse !

Ce qui naît là,
Ce n'est pas rien.
Paris devient le cœur d'un soulèvement joyeux,
Léger,
Qui lance des pavés
Et fait des grimaces.
Ce qui naît là,
C'est la contestation échevelée de la consommation,
De nos sociétés mange-tout,
De l'aliénation des hommes machines à produire
Machines à consommer,
Machines à courir.
La rage grandit face aux fausses vies :
Épargne et prospérité,
Petit gilet et bas de laine,
Il faut être raisonnable, envisager l'avenir, épargner.
Il y a un âge pour avoir de bons résultats à l'école,
Un âge pour se choisir une épouse aimante,
Un âge pour faire ses premiers pas dans le grand monde et un âge pour entrer au conseil d'administration…
Trente Glorieuses et petits arrangements.
Classe moyenne triomphante.

Frigidaire, machine à laver, démocratie chrétienne à gilet boutonné !
Heureusement, il y a cette petite phrase toute simple : “Il ne faut pas perdre sa vie à la gagner.”
Ça peut suffire :
Ça entre dans la tête et ça fait un travail de sape minutieux.
Des vies perdues de travail poli.
Des existences d’inutilité ordonnée.
Ce n’est pas cela, vivre, c’est embrasser, courir, souffrir, étreindre.
Vouloir du neuf, sans cesse.
Intensité !
Intensité !

En ces jours, les fils ont demandé des comptes à leurs pères,
En Allemagne,
En Italie.
Les fils ont posé des questions interdites,
Dit leur rage d’avoir été enfants du silence.
Ce qui apparaît avec Mai 68,
C’est une Europe de l’élan,
Mutine,
Espiègle,
Qui fait rêver à nouveau.
Mai 68 a montré ses seins aux vieilles statues
Et ce geste fécond ne se mesure pas en termes d’efficacité politique.
Le peuple a été heureux d’être peuple,
Heureux d’être jeune.
Mai 68 a montré ses seins au monde entier.
Ne dites pas que c’est une révolution avortée,

C'est bien plus,
C'est la vie qui rappelle au monde politique que rien ne se fera sans elle.
La jeunesse danse,
Car elle sait qu'elle a gagné.
Elle danse
Comme elle dansera toujours
Lorsqu'elle sent
Qu'elle est la statue vivante de la liberté.

XIII

LA VALSE DES VIEUX GÉNÉRAUX

Vous voulez danser ? Non ?…

Les vieux généraux n'aiment pas les chansons.
Ils les méprisent
Et c'est leur plus grande erreur,
Car c'est toujours par une chanson qu'ils sont vaincus…
Mais ils n'y croient pas,
Rien n'arrive à les en persuader.
On les prévient, pourtant,
On leur apporte des photos et des enregistrements.
Ils regardent les chanteurs,
Et les trouvent sales, grotesques, avec des airs efféminés.
Ils déclarent, sûrs d'eux-mêmes, que ces fils à papa se feront dessus dès qu'on leur enverra la Sûreté.
Qu'est-ce que les colonels de Grèce ont compris à Mikis Theodorakis et à María Farantoúri ?
Ils n'ont vu qu'une jeune fille aux cheveux longs,
Et ils ont eu tort.
La chanson *To Yelasto Pedi* viendra à bout de leur régime.

C'est toujours une chanson qui lézarde les murs.
Le 25 avril 1974,
À minuit quinze,
Sur Rádio Renascença,
Est diffusée *Grândola, Vila Morena*
De Zeca Afonso
– Chanson interdite sous le régime de Salazar.
À minuit quinze,
Cette chanson,
Pour tous les officiers de toutes les casernes,
C'est le signal qu'ils attendaient :
L'ordre de sortir et de prendre possession de la ville.
Marcelo Caetano se retranche dans la caserne du Largo do Carmo
Sidéré par ce qui se passe.
Tout va si vite lorsque le peuple chante une même chanson,
Celle de Zeca Afonso descend du Bairro Alto
Monte jusqu'à l'Alfama,
Court dans tout le Portugal.
Les vieux généraux ne se méfient jamais assez des chansons.
Ils les interdisent sur les radios nationales,
Pensant que cela suffit.
Si vraiment on leur en parle à nouveau,
Ils exilent les chanteurs
Mais cela n'empêche pas Lluís Llach de composer *L'Estaca*.
"Si tu l'estires fort per aquí
I jo l'estiro fort per allà
Segur que tomba, tomba, tomba
I ens podrem alliberar"
Tirer par ici,
Tirer par là,

C'est ce que font les peuples de la Méditerranée.
Portugal,
Espagne,
Grèce,
Tomba, tomba, tomba...
Les vieux généraux n'en croient pas leurs yeux.
Des jeunes gens ébouriffés,
Des garçons habillés comme des filles,
Des filles qui montrent leurs jambes
Les défient, chantent et n'ont plus peur.
Tomba, tomba, tomba...
Les chansons passent d'un pays à l'autre,
Rien ne les arrête.
Jaruzelski, sûrement, n'a jamais entendu parler de Lluís Llach
Jusqu'au jour où un proche conseiller entre dans son bureau avec un air contrit,
Lui parle de Jacek Kaczmarski
Et de cette chanson : *Mury*,
Qui donne la fièvre aux grévistes de Solidarność.
C'est celle de Lluís Llach,
Traduite en polonais.
Elle parle des murs, des pieux, de tout ce qu'il faut abattre.
Et soudain les chansons courent sur toutes les lèvres et dans toutes les rues,
En catalan,
Ou en polonais,
Runą, runą, runą...
Plus rien ne peut les arrêter.
C'est le même appel à la fissure :
Si tu tires là
Et moi ici,
Si nous tirons tous ensemble,

Que ce soit Franco
Ou Jaruzelski,
Ils tomberont.
N'attendez pas qu'ils meurent,
Les généraux vivent vieux.
Ils se nourrissent des corps qu'ils brisent,
Regardez Franco : quatre-vingt-trois ans,
Salazar : quatre-vingt-un,
Jaruzelski : quatre-vingt-onze,
Les quatre colonels grecs,
Makarezos : quatre-vingt-dix ans, Papadopoulos : quatre-vingts, Ioannídis : quatre-vingt-sept et Pattakós : cent trois.
N'attendez pas qu'ils meurent,
Faites-les tomber !
Crachez sur leur nom et leurs vieux os,
Les chansons sont plus fortes que tout.
Crachez,
Avec un beau sourire de jeunesse.
Chantez,
Dans les rues,
Les cafés,
Chantez la victoire d'être si nombreux.
Les morts chantent avec vous.
Ceux que l'on a tués dans les geôles de l'oppression entrent dans vos voix
Pour se joindre à vous
Et tout faire vaciller.
Pleurez,
Dansez,
Réjouissez-vous, peuples,
Les généraux tombent,
Et désormais vos chants de lutte sont des hymnes de liberté.

XIV

LA JOIE, L'INDIFFÉRENCE

Ce qui vient, maintenant, c'est la joie.
Elle est là et pousse à pleine force.
L'Europe s'est débarrassée de ses patriarches fascistes,
Mais il reste les régimes de l'Est.
Solidarność s'active,
Ses rangs grossissent.
Gdańsk défie le pouvoir.
Des milliers de travailleurs des chantiers navals s'opposent au régime.
Ce ne sont pas les étudiants du Printemps de Prague que le pouvoir pouvait mépriser en les traitant de "petits-bourgeois",
C'est le cœur même du régime :
Les ouvriers.
Le pouvoir est si vieux,
Il est là depuis si longtemps,
Fort de tant de stratagèmes,
Complice de tant de meurtres.
Qui peut croire qu'il va tomber ?
Personne, jusqu'à ce qu'il tombe.
Personne, jusqu'au tout dernier moment.
Et lorsqu'il le fait,
On n'en revient pas.

Une heure avant encore,
On craignait la répression policière.
Et là, d'un coup,
Le 9 novembre 1989,
Tout tombe et se renverse.
Des jeunes gens escaladent le mur qui, la veille, faisait si peur,
Ils le chevauchent,
Tapent dessus avec tout ce qu'ils trouvent…
Alors c'est possible ?
Personne ne meurt de le faire ?
Personne n'est emprisonné de venir frapper ainsi,
Avec un marteau, une pelle, un maillet,
Ou simplement avec le plat des mains ?…
Oh la sidération devant la fin d'un régime si longtemps craint,
Si longtemps tapi dans l'ombre à vous épier,
À vous dénoncer.
Oh la surprise de sa subite impuissance.
Écoutez le vide.
Les casernes résonnent d'un bruit d'absence.
Les palais autrefois inaccessibles sont maintenant vacants.
La clameur du peuple monte de partout.
De Prague à Berlin,
De Bucarest à Varsovie…
Tous ceux que l'on redoutait,
Les Honecker, Jaruzelski, Ceauşescu,
Crachez sur leur nom,
Tous ceux qui semblaient si grands
Sont devenus, d'un coup, petits,
Méconnaissables,
Presque pathétiques.
Cela se voit sur leur visage,

Dans leur mine contrite,
Cela se voit et donne de la force au peuple dans la rue :
Les généraux sont vieux,
Et leur temps est révolu.

Il n'y a pas de joie longue dans l'Histoire,
Pas de pause sereine pour reprendre son souffle.
Tout va si vite.
Les tyrans tombent
Et dans l'effondrement de leur palais, on entend déjà gronder les combats de demain.
De la liberté, parfois, naît la guerre,
Et de la joie, l'indifférence.
À peine le mur tombé,
Un nouveau conflit surgit,
Si proche,
Si rapide.
La première guerre européenne depuis la Seconde Guerre mondiale.
Et elle porte le nom d'un pays qui n'existe plus,
Qui va accoucher de six indépendances :
Yougoslavie.
Tout s'embrase.
La guerre à nouveau.
On le dit,
L'écrit,
Le répète aux informations :
"On se tue à deux heures d'avion de Paris",
Mais l'Europe ne veut pas voir.
L'indifférence engourdit les esprits.
On répète ce mot "Balkans",
Et c'est pour dire que c'est un territoire poudrière,

Éruptif par naissance,
Engloutisseur de qui s'y mêle.
Alors l'Europe fait ce qu'elle sait faire le mieux : elle ne bouge pas, discute, se réunit et légifère.
Elle laisse Izetbegović s'époumoner en demandant des armes.
Des hommes apparaissent qui ont le visage connu des tueurs à la mine satisfaite :
Milošević,
Karadžić,
Mladić,
Crachez sur leurs noms,
Théoriciens de la partition territoriale,
Et de l'épuration ethnique.
Déjà ?
Si vite ?
On avait pourtant dit : "Plus jamais ça" ?
Oui, mais des camps sont là
Dans lesquels apparaissent des corps décharnés,
Alors, il faut bien le dire :
À nouveau ça.
Si vite, après la joie.
Des villages qui s'effacent sur les cartes après avoir été "nettoyés".
À nouveau ça.
Des fosses creusées à l'orée des bois,
Où on jette, au petit matin,
Les civils que l'on a tués
Et outragés,
Et tués encore…
À nouveau ça.
La guerre
En Europe.
C'était hier pourtant.

Et que fait-on ?
Rien.
Srebrenica meurt,
Sarajevo meurt
Et ce que nous découvrons,
C'est l'immensité de notre indifférence.

L'Europe sait très bien hésiter.
Visage laid,
Impuissance confortable.
Nous le connaissons bien, ce désir de ne pas agir.
Il est là, en nous,
Se nourrit de notre nombre,
De la complexité du monde,
Flatte notre confort.
Il est là,
Jour et nuit,
C'est notre plus proche ennemi.
L'indifférence s'empare des peuples fatigués
Et les assèche, les diminue…
Que peut l'Europe contre la fatigue de ses propres peuples ?
Tant que le continent tremblait de guerres et de soumission,
Les citoyens voulaient la paix.
Aujourd'hui, ils l'ont,
Et la démocratie parlementaire les ennuie.
Ils veulent un chef, un homme fort…
Et pourtant, où mènent les chefs ?
Nous le savons…
Nous devrions – plus que tout autre – nous méfier à la vue des peuples transis devant l'homme providentiel.

Mais que peut l'Europe contre la servitude volontaire ?
Que peut l'Europe contre nous,
Ou sans nous ?

XV

ÉLARGISSEMENT

Le territoire est vaste et nous ne nous connaissons pas.
Il y a un continent à inventer.
La chute du mur de Berlin ouvre deux immensités l'une à l'autre,
Sidérées de pouvoir s'avancer l'une vers l'autre et s'embrasser.
Vous parlez d'un élargissement trop soudain ?
D'une adhésion qui aurait dû être plus progressive ?
Mais comment était-ce possible ?
Aux frères retrouvés, il aurait fallu dire : "Attendez…" ?
Aux vies qui sortaient de quarante ans de peur, il aurait fallu dire : "Patience" ?
En 1989,
L'Europe a souri d'un visage large,
Fière,
Comme cela ne lui était jamais arrivé.

Le territoire est vaste
Et nous ne nous connaissons pas.
Il faut l'arpenter, se sentir européen par les kilomètres parcourus.
Regardez notre grande terre.
L'Europe du bouleau et celle de l'olivier,
L'Europe des cathédrales et celle des temples.

Au nord, la brique,
Au sud, la chaux.
La figue et la myrtille,
Tout est vaste,
Et nous sommes côte à côte,
Pays de bière, pays de vin,
Le thé et le café,
La vache et la chèvre,
La lumière de Spilliaert
Et le rouge étrusque.
L'Europe tournée vers l'Atlantique,
Et celle qui regarde Istanbul,
Nous sommes tout cela.
Le territoire est vaste et nous ne nous connaissons pas.
Nous n'avons pas même langue,
Nous sommes mosaïques de lumières.
Des gris cendrés des terres du Nord à la blancheur soleil de la Méditerranée,
Des pluies d'Irlande aux sierras d'Andalousie,
Des polders hollandais au mont Pellegrino de Sicile,
Nous sommes éclatés de couleurs, d'accents et d'histoires.

Qui sommes-nous maintenant ?
Une nation de nations vaste, différente,
Qui cherche le socle commun sur lequel elle pourra s'unir.
Sommes-nous chrétiens ?
Est-ce cela qui nous définit ?
Non.
Ce qui caractérise le mieux l'Europe, ce n'est pas la chrétienté mais son évolution au fil du temps :

Être passée d'une religion toute-puissante à un culte intime qui abandonne le pouvoir
Et qui permet la coexistence de celui qui croit et de celui qui ne croit pas.
Qui sommes-nous maintenant ?
Enfants des heures sombres
Mais de l'irrévérence aussi.
Il y a la liberté de ne pas croire,
De vivre libre,
Aussi libre que possible,
C'est-à-dire prisonnier de son seul tourment,
De ses propres appétits.
La liberté d'aimer les églises sans aimer les religions,
De considérer que ces dernières ont apporté à l'humanité plus de sang que de réconfort,
Plus de contraintes humiliantes que de richesses spirituelles.
La liberté de créer sa propre éthique,
Une boussole intérieure qui est le choix rejoué à chaque instant de ce qui fait l'homme, de ce qui le rend digne ou pas, grand ou pas.
Trop de Saint-Barthélemy,
Trop de guerre de Trente Ans,
Trop de sangs,
De granges brûlées,
De bûchers sur lesquels on a fait mourir des livres, des idées, des hérétiques,
Trop de vies emmurées dans les conventions,
D'élans interdits,
D'aspirations corsetées.
Alors non,
Toute caractéristique majoritaire n'est pas un élément de définition,
Sans quoi nous serions :

Blancs,
Chrétiens
Et vieux.
Nous sommes les enfants d'un espace religieux qui s'est tellement déchiré,
Qui a connu tant de luttes intestines,
Qu'il a fini par perdre du terrain et quitter le champ de sa toute-puissance politique,
Et c'est bien.
Nous sommes les enfants de son retrait,
De la coexistence avec d'autres,
Et surtout,
De la possibilité de "n'être rien".
Vous entendez la sidération lorsqu'ils posent cette question, un peu désolés, trop polis pour être scandalisés, mais navrés au fond : "Mais alors, vraiment, vous n'êtes rien ?"
Ni protestant,
Ni catholique
Ni orthodoxe,
Rien, non,
Rien d'autre
Qu'humaniste.

Qui sommes-nous maintenant ?
Ce que nous partageons,
C'est d'avoir traversé le feu,
D'avoir été, chacun,
Bourreau et victime,
Jeunesse bâillonnée et mains couvertes de sang.
Ce que nous partageons,
C'est l'humanisme inquiet.
Nous savons ce que l'homme peut faire à l'homme,

Nous connaissons l'abîme,
Nous avons été avalés par sa profondeur.
Ce qui nous lie, c'est d'être un peuple angoissé,
Qui sait l'ombre qui est en lui.
L'Europe, c'est une géographie qui veut devenir philosophie.
Un passé qui veut devenir boussole.
Un territoire de cinq cents millions d'habitants,
Qui a décidé d'abolir la peine de mort,
De défendre les libertés individuelles,
De proclamer le droit d'aimer qui nous voulons,
Libre de croire ou de ne pas croire.
Nous sommes humanistes et cela doit s'entendre dans nos choix.
Aucun Dieu unique en Europe,
Aucun panthéon devant lequel s'agenouiller.
Le territoire est vaste et doit le rester.
Nous avons construit un continent Babel,
Étrange et compliqué,
Qui ne tient que dans cet équilibre subtil
Entre indépendance et fraternité.

XVI

GRAND BANQUET

"Chaque génération doit dans une relative opacité découvrir sa mission, la remplir ou la trahir.*"*
Avons-nous oublié les mots de Frantz Fanon ?
Avons-nous oublié qu'au regard de l'Histoire, nous formons une génération ?
Qu'au regard de l'Histoire nous serons jugés sur notre courage ou nos démissions ?
Avons-nous oublié que nous ne sommes pas seulement une foule d'individus qui vont à leur bonheur,
Mais une entité qui doit éclairer son temps avec des idées neuves ?
Le mot "mission" nous fait peur ?
Nous le trouvons écrasant
Mais le rejeter ne l'effacera pas.
Le rejeter, c'est simplement décider de le trahir.

Grand banquet.
C'est cela qu'il nous faut, maintenant.
De l'ardeur,
De la chair et du verbe !
Grand banquet,

* *Les Damnés de la terre* de Frantz Fanon.

Venez,
Soyez nombreux,
Apportez ce qu'il faut pour faire bombance et débat.
Elle est là, notre mission :
Faire revenir les peuples au cœur de l'Europe.
Inviter l'utopie et la colère,
Car rien jamais ne s'est fait sans eux.
L'Europe s'est trop longtemps tenue éloignée du corps bruyant des peuples.
Elle avait peur de leur mauvaise humeur,
De leurs coups de sang,
Elle avait trop vécu l'aliénation collective.
Elle a essayé d'inventer une entité qui naîtrait de la raison,
Mais ce faisant, elle a oublié la sève,
Et découvre le risque de devenir un grand corps vide.
Allez,
Venez,
Grand banquet !
Il faut revenir à l'élan des peuples.
Cela ne sera pas confortable
Ni doux.
Les peuples avancent par à-coups et renversent les tables,
Mais l'Europe mourra si elle se tient éloignée de la passion.

Allez,
Dépêchez-vous.
Grand banquet,
Elle est là notre mission :
Nous pouvons inventer mieux que l'administration castratrice.

À bas les décrets normatifs, l'uniformisation,
Nous méritons de plus grands rêves.
Allez,
Approchez.
Au grand banquet des peuples, il faut dire ses colères.
Je dis Colère devant le quart-monde européen
Et la lente paupérisation à l'ombre du confort.
L'Europe ne peut pas se contenter d'être un cercle hanséatique de grandes villes prospères,
Qui s'échangent des biens et des richesses.
Il y a des zones à l'abandon,
Tenues à l'écart de chaque avancée.
Qu'est-ce que l'Europe pour elles, si ce n'est le nom du mépris ?
Chaque sourire de la modernité est une grimace qui les nargue.
L'Europe n'aura de sens que si elle prend soin de ceux qui s'usent.

Je dis Colère face au mépris du vote des peuples
Qui parfois ont dit non,
Qui parfois ont rejeté ce qu'on leur proposait
Et dont on a méprisé l'avis.
Plébiscite menteur,
Escamotage de la voix des urnes.
Oh l'outrage démocratique qui viole l'expression du refus.
Petits arrangements d'arrière-cour,
Dans laquelle la nation, croyant enrober son affaire,
Se coupe les doigts
En se privant pour longtemps de toute légitimité.

Je dis Colère face à cette Europe qui n'arrive pas à inventer une hospitalité d'État.
Les réfugiés meurent en Méditerranée
Parce que notre terre les fait rêver.
Ils montent sur des embarcations fragiles,
Prêts à tout perdre,
Et nous nous en méfions…
Nous les regardons avec embarras,
Refermons nos ports,
Cherchons à nous en débarrasser.
Je dis Colère face au petit égoïsme des nations
Qui se réunissent pour prendre chacune son quota d'hommes et de femmes,
Mais certaines n'en veulent pas,
Se braquent,
Ne veulent plus rien entendre et claquent la porte.
D'autres négocient pied à pied, essaient de faire baisser leur part…
Pourquoi sommes-nous si peureux ?
Nous sommes cinq cents millions d'Européens,
Et jamais ce nombre ne semble nous conférer de force ?
Sommes-nous si fragiles ?
Pour nous rassurer, nous n'avons qu'à plonger notre regard dans celui des réfugiés.
L'Europe dans leurs yeux est une terre puissante
Qui protège,
Et offre la promesse d'une vie choisie.

Grand banquet,
Il est temps, maintenant,
D'amener toutes les idées,
De les brasser.

Grand banquet de chahut,
De distorsion.
Il faut que ça secoue
Sans quoi les partisans de la haine facile l'emporteront.
Il est temps d'inventer.
Nous voulons une zone de décroissance.
Vous vous souvenez de la surchauffe ?
Hue, la jument machine !
Plus vite ! Plus fort !
Nous savons où mènent l'hyper-compétitivité et l'appétit forcené.
Nous pouvons être la plus grande zone d'économie mesurée.
La planète crève de notre appétit,
Crève de ce désir de la fouiller toujours plus profond.
Puits de pétrole,
Gaz de schiste,
Mines à ciel ouvert,
Énergies fossiles qui se tarissent,
Nous pouvons inventer autre chose que le libéralisme torse nu,
Exhibant sa puissance.

Encore,
Venez,
Soyons nombreux,
Et dites l'utopie !
Nous voulons que notre nation de nations ait un nouveau but :
Pas celui de dominer le monde.
Du temps où nous étions empires,
Nous avons régné sans partage,
Avec morgue,

Et férocité,
Pompant les peuples et les richesses.
Nous étions aussi laids que ceux qui règnent aujourd'hui.
Et puis nous sommes morts.
Les empires tombent, s'effritent et disparaissent
Nous savons ce que c'est que l'éclipse.
Tant de fois, nous sommes morts.
Régner,
Puis disparaître…
Régner,
Puis disparaître…
Peut-il y avoir une leçon dans ces évanouissements ?
Aujourd'hui, à nouveau, nous voulons être forts et prospères
Mais il y a toujours des États prolétaires.
Est-ce qu'à nouveau notre progrès sera leur exploitation ?
Ne savons-nous vivre qu'au rythme des cycles de domination qui varient selon la valse des matières premières ?
Est-ce cela, notre projet : dominer ? – ce qui veut dire soumettre…
Nous avons des rêves plus grands,
Nous voulons inventer un rapport d'équilibre
Qui ne soit pas celui de l'exploitation voilée,
Pour ne plus fouler aux pieds, comme mille fois auparavant,
Les peuples humiliés.

Venez,
Dépêchez-vous,
Fracas et utopie,

Apportez tout avec vous.
Que l'Europe redevienne l'affaire des peuples.
Ce sera heureux.
Approchez,
Chauffe,
Tourne,
Comme à l'origine
Mais non pas de vapeur sueur, cette fois,
Non, de rage et d'idées.
Chauffe, tourne.
C'est cela que nous voulons :
Que l'ardeur revienne.
Que l'Europe s'anime,
Change,
Et soit,
À nouveau,
Pour le monde entier,
Le visage lumineux
De l'audace,
De l'esprit,
Et de la liberté.

TABLE

DU MÊME AUTEUR

Romans

CRIS, Actes Sud, 2001 ; "Les Inépuisables", 2014 ; "Les Ateliers d'Actes Sud", 2021 ; Babel n° 613.

LA MORT DU ROI TSONGOR (prix Goncourt des lycéens, prix des Libraires), Actes Sud, 2002 ; Babel n° 667.

LE SOLEIL DES SCORTA (prix Goncourt), Actes Sud, 2004 ; Babel n° 734.

ELDORADO, Actes Sud, 2006 ; "Les Ateliers d'Actes Sud", 2021 ; Babel n° 842.

LA PORTE DES ENFERS, Actes Sud, 2008 ; Babel n° 1015.

OURAGAN, Actes Sud, 2010 ; Babel n° 1124.

POUR SEUL CORTÈGE, Actes Sud, 2012 ; Babel n° 1260.

DANSER LES OMBRES, Actes Sud, 2015 ; Babel n° 1401.

ÉCOUTEZ NOS DÉFAITES, Actes Sud, 2016 ; Babel n° 1560.

SALINA. LES TROIS EXILS (grand prix du Roman métis, prix du Roman métis des lecteurs), Actes Sud, 2018 ; Actes Sud audio (lu par Guillaume Gallienne), 2019 ; Babel n° 1712.

PARIS, MILLE VIES (prix Castel du Roman de la Nuit), Actes Sud, 2020.

Théâtre

ONYSOS LE FURIEUX, Théâtre ouvert, 1997 ; Actes Sud-Papiers, 2000 ; Babel n° 1287.

PLUIE DE CENDRES, Théâtre ouvert, 1998 ; Actes Sud-Papiers, 2001.

COMBATS DE POSSÉDÉS, Actes Sud-Papiers, 1999.

CENDRES SUR LES MAINS, Actes Sud-Papiers, 2002 ; Babel n° 1547.

LE TIGRE BLEU DE L'EUPHRATE, Actes Sud-Papiers, 2002 ; Babel n° 1287.

SALINA, Actes Sud-Papiers, 2003.

MÉDÉE KALI, Actes Sud-Papiers, 2003 ; Babel n° 1621 (prix *Transfuge* du meilleur livre de poche).

LES SACRIFIÉES, Actes Sud-Papiers, 2004.

SOFIA DOULEUR, Actes Sud-Papiers, 2008 ; Babel n° 1547.

SODOME, MA DOUCE, Actes Sud-Papiers, 2009 ; Babel n° 1621 (prix *Transfuge* du meilleur livre de poche).

MILLE ORPHELINS suivi de *LES ENFANTS FLEUVE*, Actes Sud-Papiers, 2011.

CAILLASSES, Actes Sud-Papiers, 2012.

DARAL SHAGA suivi de *MAUDITS LES INNOCENTS*, Actes Sud-Papiers, 2014.

DANSE, MOROB, Actes Sud-Papiers, 2016.

ET LES COLOSSES TOMBERONT, Actes Sud-Papiers, 2018.

LA DERNIÈRE NUIT DU MONDE, Actes Sud-Papiers, 2021.

Nouvelles

DANS LA NUIT MOZAMBIQUE, Actes Sud, 2007 ; Babel n° 902.

LES OLIVIERS DU NÉGUS, Actes Sud, 2011 ; Babel n° 1154.

Poésie

DE SANG ET DE LUMIÈRE, Actes Sud, 2017 ; Babel n° 1655.

NOUS, L'EUROPE. BANQUET DES PEUPLES, Actes Sud, 2019 ; Babel n° 1776.

Littérature jeunesse (album)

LA TRIBU DE MALGOUMI, Actes Sud Junior, 2008.

Beau livre

JE SUIS LE CHIEN PITIÉ (photographies d'Oan Kim), Actes Sud, 2009.

OUVRAGE RÉALISÉ
PAR L'ATELIER GRAPHIQUE ACTES SUD
ACHEVÉ D'IMPRIMER
EN AOÛT 2021
PAR NORMANDIE ROTO IMPRESSION S.A.S.
À LONRAI
POUR LE COMPTE DES ÉDITIONS
ACTES SUD
LE MÉJAN
PLACE NINA-BERBEROVA
13200 ARLES

DÉPÔT LÉGAL
1re ÉDITION : SEPTEMBRE 2021
N° impr. : 2102490
(Imprimé en France)